INTERPRETATIONSHILFE ENGLISCH

Sam Shepard

True West

Interpretiert von Rainer Jacob

STARK

Bildnachweis
Umschlag: Tastatur © Titelio/Dreamstime.com, Wüste © Eyewave/Dreamstime.com, Schreibmaschine © Michael Drager/Dreamstime.com
S. 3: © Wire Image / Getty Images
S. 35: © Rinusbaak/Dreamstime.com
S. 36: Pflanze © Kateryna Potrokhova/Dreamstime.com, Schreibmaschine © Titelio/Dreamstime.com, Toaster © Kirsty Pargeter/Dreamstime.com, TV © Tina Rencelj/Dreamstime.com
S. 42: http://commons.wikimedia.org/wiki/Image:CainkillshisbrotherAbel.jpg
S. 71: © Cinetext Bildarchiv

ISBN 978-3-86668-034-0

Inhalt

Vorwort

Einführung 1

Biografie und literarische Einordnung 3

Inhaltsangabe 9

Textanalyse und Interpretation 19

1 Personenkonstellation und Charakterisierungen 19

2 Aufbau 28

3 Sprache und Symbolik 31
3.1 Sprache 31
3.2 Symbolik 34

4 Zentrale Themen und Motive 39
4.1 Gestörte Familienbeziehungen 39
4.2. Die Doppelnatur des Menschen 41
4.3 Gewalt 44
4.4 Der Mythos des Westens 47
4.5 Der amerikanische Traum *(American Dream)* 49

5 Interpretation von Schlüsselstellen 51

Vergleich mit Arthur Millers Drama *Death of a Salesman* 63

Rezeptionsgeschichte 69

Literaturhinweise
Anmerkungen

Autor: Rainer Jacob

Vorwort

Liebe Schülerinnen, liebe Schüler,

diese Interpretationshilfe ermöglicht Ihnen ein umfassendes Verständnis von Sam Shepards *True West* und unterstützt Sie bei der Erarbeitung des Dramas ebenso wie bei der Vorbereitung auf den Unterricht und auf schriftliche und mündliche Prüfungen.

Der erste Teil informiert Sie über **Leben** und **Werk** des Autors. Die ausführliche **Inhaltsangabe** fasst alle Szenen des Dramas übersichtlich zusammen und soll Ihnen eine Orientierungshilfe sein. Das Kapitel „Textanalyse und Interpretation" erläutert die **Personenkonstellation** und enthält die **Charakterisierungen** der handelnden Personen, der **Aufbau** des Dramas wird grafisch veranschaulicht. Die Abschnitte **Sprache** und **Symbolik** sowie **Zentrale Themen** und **Motive** stellen übersichtlich die wichtigsten Aspekte zusammen, die Shepard in seinem Stück behandelt. Die Interpretation dreier **Schüsselstellen** zeigt detailliert die Bedeutung wichtiger Gelenkstellen. Schließlich werden zentrale Themen in *True West* und im Drama *Death of a Salesman* von Arthur Miller verglichen. In der **Rezeptionsgeschichte** erfahren Sie mehr über Aufführungen von *True West* auf amerikanischen, britischen und deutschen Bühnen.

Wie bei allen Interpretationen gilt auch hier, dass es eine einzig richtige Auslegung nicht gibt. Die vorliegende Interpretation soll eine Grundlage vermitteln und Sie zu eigenen Auslegungen anleiten.

Ich wünsche Ihnen viel Freude und Erfolg bei der Vorbereitung auf Prüfungen, Klausuren und bei der Wiederholungsarbeit.

Rainer Jacob

Einführung

Sam Shepard ist einer der erfolgreichsten und produktivsten amerikanischen Schriftsteller der Gegenwart. In mehr als 40 Stücken, die er oft in kurzer Zeit niederschrieb, beschäftigte er sich immer wieder mit Problemen, die mit seiner Biografie verknüpft sind. Dies gilt insbesondere für seine ersten Stücke, die um 1980 entstanden und zu denen auch *True West* gehört. Das Stück vom Kampf zwischen den beiden unterschiedlichen Brüdern Lee und Austin stammt aus dem Jahr 1980, als der 36-jährige Shepard in San Francisco lebte und arbeitete. Eigentlich hatte er Musiker – Rockmusiker – werden wollen, doch die Bühne ließ ihn als Autor und Schauspieler nie los. Das Schreiben von Stücken, das zunächst als willkommener Broterwerb begann, wurde im Laufe seines Lebens nicht nur zur Hauptverdienstquelle, sondern auch zur Berufung. Durch seine Tätigkeit als Schauspieler wusste Shepard, welche Charaktere auf welche Weise auf der Bühne „funktionieren" würden. Die kraftvollen Typen, die er auf die Bühne brachte, und die Themen, die er aufgriff, verloren bis heute nichts an ihrer Wirkung und Aktualität. Dies beweisen nicht zuletzt die zahlreichen Aufführungen in unseren Tagen bei Theaterfestivals an der amerikanischen Westküste oder die Neuinszenierungen an New Yorker Theatern. *True West* bietet nicht nur Schauspielern dankbare Rollen, auch die Zuschauer finden bei allem Ernst der Geschichte komische Elemente, die das Stück zu einem unterhaltsamen Klassiker machen. Shepard brachte die ewige Geschichte vom Bruderzwist in eine attraktive Form.

Mit den beiden Figuren Lee und Austin stoßen zwei gegensätzliche Lebensentwürfe aufeinander, welche die ewige Frage nach dem Sinn des Lebens und der rechten Lebensgestaltung aufwerfen. Das dramatische Geschehen entwickelt sich innerhalb einer Familie, in der die Eltern eine für die Söhne verhängnisvolle Rolle spielen. Sam Shepard, selbst gebranntes Kind, was ein intaktes Familienleben angeht, zeigt auf beeindruckende Weise, wie sehr Familienbeziehungen – gerade auch problematische – die Entwicklung des Individuums beeinflussen können. Es ist dies ein Themenkreis, der heute in den USA und Großbritannien angesichts offensichtlicher Fehlentwicklungen besonders aktuell ist. Eltern, Pädagogen, Politiker und Soziologen beklagen eine Zunahme des so genannten *anti-social-behaviour*, des gesellschaftsschädigenden Verhaltens, dem man mit ASBOs *(Anti-Social Behaviour Orders)*, mit Verboten und Vorschriften insbesondere für Jugendliche, Einhalt zu gebieten versucht. Dieses vermehrte aggressive, rücksichtslose Verhalten wird vor allem auf den Zerfall der Familie zurückgeführt. Der Bedeutung der Familie für die Vermittlung von Grundwerten und der Anerkennung der Grundregeln menschlichen Zusammenlebens wird von allen Seiten wieder mehr Bedeutung eingeräumt. Sozialpolitische Maßnahmen wie die Bereitstellung von Erziehungsgeld und Elterngeld belegen diese Tatsache. Shepards Stück *True West* hat daher in thematischer Hinsicht und in seiner offenen und schonungslosen Darstellung nichts an Aktualität eingebüßt und wird zu Recht auf den Bühnen in aller Welt aufgeführt.

Biografie und literarische Einordnung

Am 5. November 1943 wurde Samuel Shepard Rogers III in der Garnison Fort Sheridan in Illinois geboren. Sein Vater, Samuel Shepard Rogers II, war Offizier der Luftwaffe und hatte im Zweiten Weltkrieg als Bomberpilot gedient. Seine Mutter, Jane Elaine (Schook) Shepard, stammte aus Chicago. Während der Militärzeit des Vaters zog die Familie von einer Luftwaffenbasis zur nächsten, bis der Vater schließlich den Dienst quittierte und sich in Duarte, in der Nähe von Los Angeles, als Schafzüchter und Avocadofarmer niederließ. Dort wuchs der junge Shepard auf und entwickelte seine Begeisterung für das Leben in der freien Natur, in dem er die Werte der Pionierzeit wiederfand. Überschattet war seine Jugend von den immer chaotischeren Verhältnissen in der Familie, die mit dem sozialen Abstieg und dem Alkoholismus sowie der Gewalttätigkeit des Vaters zusammenhingen. Sam wollte zunächst Farmer werden und begann ein Landwirtschaftsstudium am San Antonio Junior College. Daneben interessierte er sich auch für Literatur, und die Lektüre von Samuel Becketts absurdem Stück *Waiting for Godot (Warten auf Godot)* hinterließ bei

dem jungen Shepard einen tiefen Eindruck. Aus Geldmangel brach er nach einem Jahr sein Studium ab und gab die Idee von der eigenen Farm auf. Er schloss sich einer Theatertruppe an und landete schließlich 1963 mit dem auf Sam Shepard verkürzten Namen im alternativen Künstlerviertel Greenwich Village in New York. Dort traf er den Theatermacher Joseph Chaikin (1935–2003), der bedeutenden Einfluss auf Shepard haben sollte. Chaikin war einer der Gründer des experimentellen Open Theatre, einer Spielstätte abseits der großen Theater, in der moderne Stücke, u. a. von Samuel Beckett, gespielt wurden. Shepard zeigte Chaikin seine ersten eigenen Szenenentwürfe und dieser bestärkte den jungen Autor, weitere Stücke zu verfassen. Das Ergebnis war eine Vielzahl von Einaktern, die auf den New Yorker Experimentalbühnen gespielt wurden. Dazu gehört u. a. das erste komplette Stück von Shepard, *Cowboys*, das am Village Theater uraufgeführt und von der alternativen Theaterszene und deren Presse positiv aufgenommen wurde. Die Zusammenarbeit mit Joseph Chaikin dauerte bis zu dessen Tod 2003. 1996 fand z. B. im Rahmen der Olympischen Spiele in Atlanta die Uraufführung ihres gemeinsamen Werkes *When the World Was Green: A Chef's Fable* statt.

In seiner New Yorker Hippie-Zeit, in der Shepard auch Erfahrungen mit Drogen machte, die ihn beinahe ruiniert hätten, verdiente er sich seinen Lebensunterhalt als Kellner und als Schlagzeuger einer Rockband. Zusätzliche Einnahmen erzielte er durch seine Mitarbeit an Filmdrehbüchern (*Me and My Brother*, 1969; *Zabriskie Point*, 1970). Mit seiner Frau O-Lan Jones, die er 1969 geheiratet hatte, floh Shepard 1971 nach London, um dem Chaos und den Drogen der alternativen Szene New Yorks zu entkommen. Am Royal Court Theatre arbeitete er mit den Schauspielern und dem Regisseur Peter Brook zusammen. Von Brooks Theaterarbeit profitierte Shepard für sein eigenes Schreiben, insbesondere was den Aufbau der Stücke und die Charakterisierung der Figuren angeht. Shepards Begeisterung für die Rockmusik – in seiner Londoner Zeit lernte er auch die Rockbands *The Who* und die *Rolling Stones* kennen – schlug sich in seiner Rockoper *The Tooth of Crime* nieder. Schließlich zog es ihn 1973 in die USA zurück, wo er sich in Kalifornien niederließ. Am Magic Theatre in San Francisco traf er Joseph Chaikin wieder, und beide intensivierten ihre Zusammenarbeit. 1977 kam Shepards Drama *Curse of the Starving Class* heraus und wurde im selben Jahr als „Best New American Play" mit dem Obie – dem alternativen Theaterpreis der New Yorker Off-Broadway Theater – ausgezeichnet. Das Stück ist von besonderer Bedeutung für Shepards Entwicklung als Dramatiker: Es ist das erste Bühnenwerk, in dem er von der experimentellen, dem absurden Theater verpflichteten Darstellungsweise abweicht. Charaktere und Handlung sind nun realistischer und damit für die Zuschauer leichter zugänglich. Auch die Regieanweisungen zu *True West* zeigen, dass Shepard besonderen Wert auf eine realistische Darstellung legt. In den *Notes on set and costume* heißt es: "The set should be constructed realistically with no attempt to distort its dimensions, shapes, objects or colors." Ebenso in den *Notes on sound*: "The sound should also be treated realistically even though they sometimes grow in volume and numbers." Die Dramen Shepards, die am Magic Theatre San Francisco uraufgeführt wurden – unter ihnen *Buried Child* (1978), *True West* (1980) und *A Lie of the Mind* (1985) –, sicherten dem Autor einen festen Platz in der amerikanischen Literaturgeschichte. Für *Buried Child*, eine Geschichte von Inzest und Mord, erhielt Shepard den Pulitzer-Preis, den wichtigsten amerikanischen Literaturpreis.

In diese literarisch fruchtbare Zeit fällt auch der Beginn von Sam Shepards Karriere als Filmschauspieler. 1978 gab ihm der Regisseur Terence Malick in seinem Film *Days of Heaven* die Rolle eines reichen Farmers. Während der Dreharbeiten zu

Frances 1982 lernte Shepard die Hauptdarstellerin Jessica Lange kennen und lieben. 1983 ließ sich er sich von O-Lan Jones scheiden und lebt seither mit Jessica Lange zusammen. Seinen Durchbruch im Film erlebte Shepard 1983 in der Rolle des Testpiloten Chuck Yeager in Philip Kaufmanns Film *The Right Stuff*. Für diese Rolle wurde er 1984 für den Oscar nominiert. Er setzte auch seine Arbeit als Drehbuchautor fort und schrieb unter anderem für Wim Wenders den Film *Paris, Texas*. In den 80er- und 90er-Jahren war Shepard aufgrund seiner zahlreichen Filmrollen einem breiten Publikum eher als Schauspieler denn als Autor bekannt. Er spielte u. a. in *Homo Faber* (1991), *The Pelican Brief* (1993, dt. *Die Akte*), *Snow Falling on Cedars* (1999), *Black Hawk Down* (2001) und *Don't Come Knocking* (2005).

Neben seiner schauspielerischen Tätigkeit führte Shepard auch Regie (z. T. in eigenen Stücken) und unterrichtete angehende Schauspieler und Dramaturgen. Zu Shepards wichtigsten Werken neben den oben genannten gehören *Fool for Love* (1983), *States of Shock* (1991), *Simpatico* (1993), *The Late Henry Moss* (2000), *The God of Hell* (2004), *Kicking a Dead Horse* (2007).

Sam Shepard gilt nicht nur als der produktivste, sondern auch als der wichtigste amerikanische Autor der Gegenwart. Sein wohl bekanntestes Stück ist *True West* aus dem Jahr 1980. Nach einigen Unstimmigkeiten und Auseinandersetzungen zwischen Schauspielern, Regisseuren und dem Autor, welche die ersten Aufführungen an verschiedenen Theatern an der West- und Ostküste begleitet hatten, erhielt *True West* 1982 seine endgültige Bühnenfassung. Dies geschah durch eine Aufführung der Steppenwolf Company, in der John Malkovich die Rolle des Lee spielte. In *True West* begegnet der Zuschauer mehreren Themenkreisen, mit denen sich Sam Shepard in zahlreichen Stücken beschäftigte. Dazu gehört die Auseinandersetzung mit den amerikanischen Mythen *(American Dream)*, der Verlust der Natur und der Ideale des alten Westens, der Gegensatz zwischen Anspruch und Wirklichkeit, zwischen Kunst und Kommerz, die zunehmende Gewalt, der Alkoholismus und vor allem das Zerbrechen der Familie. Dieses letztere Motiv beherrscht insbesondere Shepards frühe Stücke, die man daher als *family plays* bezeichnet. Zu ihnen zählen *Curse of the Starving Class* (1977), *Buried Child* (1978), *True West* (1980) und *A Lie of the Mind* (1985). Aber auch in späteren Werken wie z. B. *The Late Henry Moss* (2000) stehen die problematischen Beziehungen innerhalb der Familie (Vater–Sohn, Bruder–Bruder) im Zentrum. In all seinen *family plays* hat Shepard autobiografische Elemente verarbeitet, dennoch kann man Shepard nicht als autobiografischen Autor einordnen. Ausgangspunkt ist zwar eigenes Erleben, doch das, was Shepard dann auf der Bühne zeigt, hat eine Bedeutung, die über die persönliche Biografie hinausreicht und an Aktualität nicht verliert. In einem Interview stellte Shepard selbst mit einer gewissen Verblüffung die Allgemeingültigkeit und Modernität seines Stückes *True West* fest:

> *I've got this new production of* True West *on Broadway now – and the play's twenty years old – and the amazing thing to me is that, now, in this time, for some reason or another, the disaster inherent in this thing called the American Family is very very resonant now with audiences. I mean it's much more so now than it was back when the play first started in 1980. When* True West *first came out, it just didn't seem to have the punch that it has now, you know what I mean? I mean it attracts an amazingly young audience; it's like the average age is something like thirty years old going to a Broadway play, and I just can't believe the reaction to it – the standing ovations every night. And, granted these are remarkable actors, they are extraordinary actors doing amazing things, but, still, there is a resonance in the material that somehow catches like wildfire, and then you start to recognize the disaster.*[1]

Inhaltsangabe

Akt I, Szene 1

Die Brüder Austin und Lee treffen sich nach fünf Jahren zum ersten Mal wieder. Sie befinden sich im Haus ihrer Mutter, die nach Alaska gereist ist und Austin gebeten hatte, während ihrer Abwesenheit auf ihr Haus aufzupassen und nach den Pflanzen zu sehen. Es ist Abend, man hört von draußen das Zirpen der Grillen. Austin ist bei Kerzenlicht in einer Ecknische der Küche mit Schreibarbeiten beschäftigt. Schreibblock, Feder, Zigarette, Kaffee, Schreibmaschine und ein Stapel Papier liegen vor ihm. Lee lehnt schon leicht angetrunken am Spülbecken und will Austin, der sich auf seine Arbeit zu konzentrieren versucht, in ein Gespräch verwickeln. Obwohl Lee beteuert, er wolle Austin nicht bei seiner Arbeit und in seiner Konzentration stören, redet er unablässig auf ihn ein. Etwas herablassend kommentiert er Austins Arbeit und behauptet, er selbst habe sich darin auch schon versucht, halte das Ganze aber für brotlose Kunst. Beide deuten eine Begegnung mit ihrem Vater an, den sie stets „the old man" nennen, gehen jedoch nicht näher darauf ein. Austin bemüht sich weiterhin Ruhe zu bewahren und fragt Lee freundlich, wie lange er zu bleiben gedenke. Lee macht zunächst nur vage Angaben, die jedoch immer deutlicher werden ("This is a great neighborhood. Lush. Good class a' people. Not many dogs." S. 10, Z. 7 f.) und aus denen Austin schließen kann, dass sein Bruder Diebestouren in der Nachbarschaft plant. Austin kennt Lees zwielichtigen Lebenswandel und mahnt ihn, diese Gegend zu verschonen, da ja schließlich ihre Mutter hier zu Hause sei. Lee weist den Einwand zurück und bittet Austin, ihm sein Auto zu leihen. Austin lehnt strikt ab, bietet stattdessen Lee etwas Geld an, was diesen in äußerste Erregung versetzt. Auch als Austin Lee zu sich und seiner Familie einlädt, weist Lee dieses Angebot brüsk zurück.

Akt I, Szene 2

Am nächsten Morgen kümmert sich Austin um die Zimmerpflanzen, Lee sitzt am Tisch und trinkt Bier. Er wundert sich über das Sicherheitsbedürfnis der Mutter, die, so konnte Lee bei einer kleinen Inspektionstour feststellen, überall Riegel anbringen ließ. Dabei verfügt sie nach Lees Einschätzung nur über wertlose Dinge. Austin findet die Schlösser weniger verwunderlich und fragt seinen Bruder, was er letzte Nacht gemacht habe. Lee antwortet, er sei etwas spazieren gegangen, weil er wegen des Heidenlärms, den die Kojoten veranstalteten, nicht habe schlafen können. Leicht neidvoll stellt Lee fest, dass Austin in besseren Kreisen verkehrt, obwohl er, Lee, mindestens genauso schlau sei wie Austin. Und dies auch ohne auf ein besonders angesehenes College, auf eine „Ivy League school" (S. 13, Z. 20) gegangen zu sein. Er verschaffte sich eben auf seine Weise Zugang zu den Häusern der höheren Schichten. Anschließend berichtet Lee über seinen nächtlichen Ausflug, den er aufgrund der Hitze unternommen hatte. Die Hitze draußen in der Mojavewüste, wo er sich sonst aufhält, findet er erträglicher, nachts kühle es ab und die Luft sei angenehmer. Anders sei es hier, in der Nähe der Großstadt, wo sich durch die Bebauung vieles verändert habe. Dennoch bringt die Gegend bei Lee Erinnerungen an die Abenteuerspielplätze in der Jugend zurück, und in den neu errichteten Häusern konnte er ein idyllisches Familienleben beobachten. Letzteres erfüllt ihn mit einer Art Sehnsucht: „Kinda place you wish you'd sorta grow up in, ya know." (S. 14, Z. 27). Doch Lee führt Austins Verwunderung auf die Tatsache zurück, dass Austin ihn eben nicht wirklich kenne. Lee berichtet, er habe sich drei Monate lang allein auf sich gestellt in der Wüste aufgehalten –

ein Leben in Abgeschiedenheit, das sich Austin nur schwer vorstellen kann: “I mean I go crazy if I have to spend three nights in a motel by myself.” (S. 15, Z. 10 f.). Austin teilt Lee mit, dass er einen Besucher erwarte, einen Filmproduzenten aus Hollywood, mit dem er sein Skript für einen Film besprechen möchte. Es fällt ihm etwas schwer, Lee zu bitten, sich so lange vom Haus fernzuhalten, bis die Verhandlungen mit dem Produzenten abgeschlossen sind. Lee fühlt sich verletzt und nutzt Austins Missbehagen zu einer kleinen Erpressung: Er bittet ihn erneut – und diesmal erfolgreich – um dessen Auto. Am Schluss der Szene brüstet sich Lee damit, dass er einige Projekte in der Hinterhand habe, die den Mann aus Hollywood interessieren könnten – sollte Austin mit seiner Geschichte scheitern.

Akt I, Szene 3

Inzwischen ist der Filmproduzent Saul Kimmer aus Hollywood eingetroffen. Mit Austin bespricht er dessen Projekt und zeigt sich begeistert. Er zieht bereits eine Realisierung in Betracht und sucht nach einem zugkräftigen Star. Austin zögert, da er seine Vorlage für noch nicht ausgereift hält. In diesem Augenblick erscheint Lee – früher als von Austin erwartet – mit einem gestohlenen Fernseher unter dem Arm von seiner Diebestour zurück und macht Kimmers Bekanntschaft. Beide kommen sich schnell näher, insbesondere als Lee von Kimmers Interesse für das Golfspiel erfährt und eine gemeinsame Runde Golf am nächsten Morgen vorschlägt. Austin hält sich zurück und Lee übernimmt das Gespräch mit Kimmer. Er erkundigt sich nach Kimmers Arbeit in Hollywood und erfährt, dass der Produzent immer auf der Suche nach erfolgversprechenden Projekten ist. Hauptsächlich kommen für ihn handlungsstarke Stoffe in Frage, in denen es um Liebe geht. Lee erkundigt sich, ob auch Western für Kimmer von Interesse sind, und als dieser nicht abgeneigt ist, kommt Lee auf ein eigenes Projekt für einen Western zu sprechen. Zwar könne er nicht so gut schreiben wie sein Bruder Austin, doch die Idee zu einem realistischen Western habe er im Kopf. Lee schwärmt von dem Hollywood-Klassiker *Lonely are the Brave* (dt: *Einsam sind die Tapferen*), in dem Kirk Douglas einen Cowboy spielt, der in der modernen Zeit nicht zurechtkommt und scheitert. Kimmer muss gestehen, dass er diesen Film nicht kennt. Austin versucht, die Unterhaltung zwischen Lee und Kimmer zu einem Ende zu bringen, indem er den Produzenten zur Tür zu begleiten versucht. Auch Kimmer möchte sich auf den Weg machen, doch Lee lässt nicht locker, bis der Hollywoodmann ihm den Vorschlag macht, die Filmidee durch seinen Bruder Austin zu Papier bringen zu lassen. Mit dem Versprechen, das Material zu lesen, verlässt Kimmer das Haus. Nach dessen Abgang schauen sich die beiden Brüder zunächst wortlos an, dann verlangt Austin seine Autoschlüssel zurück, doch Lee lächelt ihn nur überlegen an.

Akt I, Szene 4

Die Brüder sitzen abends zusammen in der Küche – Austin an der Schreibmaschine, Lee ihm gegenüber mit Bier und Whiskey vor sich. Sie versuchen, dem Vorschlag Kimmers zu folgen, und wollen Lees Filmidee schriftlich festhalten. Dabei kommt es bei der Festlegung der Handlung zu Spannungen. Austin möchte die Arbeit möglichst schnell zu Ende bringen, doch Lee besteht auf der sorgfältigen Ausarbeitung von Details. Der Konflikt zwischen beiden strebt einem Höhepunkt zu, als Austin die Wahrscheinlichkeit und Schlüssigkeit der Geschichte in Zweifel zieht ("It's not like real life! It's not enough like real life. Things don't happen like that." S. 24, Z. 12 f.). Frustriert vom langsamen Fortgang der Arbeit und genervt von den zirpenden Grillen möchte Lee nun alles hinschmeißen und sich davonmachen. Er wirft Austin vor, als Parasit von anderen zu leben. Doch der erwidert, Lee sei der wahre Parasit, da er als Dieb von anderen profitiere. Er verlangt seine Autoschlüssel zurück. Dieses Ansinnen nutzt Lee zu einer erpresserischen Forderung, die Niederschrift der Filmidee zuerst zu Ende zu bringen. Austin beruhigt Lee und möchte mit ihm die Arbeit weiterführen. Lee äußert seine Zweifel, ob Austin Kimmer je das Skript zeigen werde. Austin entkräftet diesen Verdacht, indem er Lee vorschlägt, den Entwurf Kimmer doch selbst vorzulegen. Daraufhin wirft Lee die Schlüssel auf den Tisch und fragt Austin herausfordernd, ob er ihn nun hinauswerfen oder die Polizei rufen wolle. Austins Antwort, Lee sei ja schließlich sein Bruder, wischt Lee zur Seite und sagt, die meisten tätlichen Auseinandersetzungen ergäben sich aus Familienzwistigkeiten. Doch Austin hält dem entgegen, nur Wahnsinnige täten dies, sie beide seinen dagegen gefeit. Er will endlich die Niederschrift der Vorlage zu Ende bringen und spornt Lee zur Weiterarbeit an, indem er ihn darauf hinweist, dass er mit dem finanziellen Erfolg eines angenommenen Skripts sein ganzes Leben ändern könne. Als Lee nachfragt, ob sich damit vielleicht auch der Schuldenberg des Vaters abtragen ließe, gibt Austin zu bedenken, dass der Vater ganz anders sei. Dem stimmt Lee zu ("He's not gonna' change. Let's leave the old man out of it." S. 27, Z. 22), er selbst jedoch wolle sich ändern und vielleicht sogar Austins Rolle einnehmen. Beide gestehen, dass sie sich zuweilen vorgestellt hätten, wie es wohl wäre, das Leben des Bruders zu führen. Lee sagt, er habe sich in die Lage des studierenden Austin versetzt, dem, so malte er sich aus, die Mädchen nachliefen. Austin gibt zu, er habe davon geträumt, wie Lee immer unterwegs zu sein und Abenteuer zu erleben. Lee beendet diese Erinnerungen und bittet Austin wieder um die Autoschlüssel, die dieser ihm etwas zögernd aushändigt. Die Szene – und damit die Handlung des ersten Aktes – endet damit, dass Lee Austin das weitere Geschehen seines erdachten Westerns diktiert.

In der Pause, so schreibt Shepard in den Regieanweisungen vor, soll der Song *Ramblin' Man* des Countrysängers Hank Williams gespielt werden.

Akt II, Szene 5

Die erste Szene des zweiten Aktes spielt am nächsten Morgen. Man sieht Lee mit Golfschlägern und einer Ledertasche, was darauf hindeutet, dass er in der Zwischenzeit mit dem Hollywoodmann Saul Kimmer beim Golfspielen war. Seinem etwas ungläubigen Bruder Austin versichert Lee, er habe die Schläger von Kimmer als Geschenk bzw. Vorschuss erhalten. Saul habe nämlich großen Gefallen an Lees Filmidee gefunden. Austin beglückwünscht Lee zu diesem Erfolg und holt eine Flasche Champagner aus dem Kühlschrank. Als Lee seinem Bruder ganz nebenbei versichert, auch er werde eine hübsche Summe für das Schreiben des Drehbuchs erhalten, lehnt Austin entrüstest ab mit der Erklärung, er habe keine Zeit neben der Arbeit an seinem eigenen Projekt auch noch Lees Film zu schreiben. Doch Lee teilt ihm mit, dass Kimmer Austins Projekt zugunsten von Lees gekippt habe. Austin kann dies zunächst nicht fassen, er ist wie vor den Kopf gestoßen. Er will sich bei Kimmer erkundigen, doch der, so sagt Lee, sei im Moment nicht erreichbar. Lee versucht Austin zu trösten, indem er seinen Erfolg bei Kimmer zwar als Anfängerglück bezeichnet, ihn letzten Endes aber auf die sehr gute authentische Story zurückführt. Davon will Austin nichts wissen. Er bezeichnet Lees Geschichte als „the dumbest story I ever heard" (S. 32, Z. 14). Doch der Hollywood-Produzent Kimmer, so sagt ihm Lee, verspreche sich von dem Material großen kommerziellen Erfolg. Als Austin, der diese Wendung noch immer nicht glauben kann, die Vermutung äußert, Lee habe Saul Kimmer unter Druck gesetzt, gerät Lee in Wut und bedroht Austin mit einem Golfschläger. Die Situation beruhigt sich wieder; Lee versucht erneut, Austin zu verdeutlichen, warum

Kimmer Lees Idee den Vorzug gab. Austin sagt, er brauche Zeit zum Nachdenken und fordert von Lee seine Autoschlüssel zurück, um in die Wüste hinauszufahren. Lee öffnet die Champagnerflasche und erklärt, dass sie beide nun Partner seien.

Akt II, Szene 6

Am Nachmittag versuchen Lee und Saul Kimmer Austin von Lees Filmidee zu überzeugen und ihn als Drehbuchschreiber zu gewinnen. Doch Austin weigert sich mehrfach: “I don’t want to hear it.” (S. 34, Z. 15 und Z. 21). Kimmer argumentiert, Austin sei besonders geeignet, da er Lees Bruder sei und sich aufgrund dieser Vertrautheit besonders leicht in die Geschichte hineinversetzen könne. Doch Austin weist diese Begründung schroff zurück und bezeichnet Lee als Lügner und Betrüger, der mit seiner, Austins, Vorlage den Deal mit Kimmer eingefädelt habe. Ein weiteres Argument, um Austin zur Mitarbeit zu gewinnen, ist Saul Kimmers Hinweis auf die finanziellen Möglichkeiten, die es erlauben würden, dem verarmten Vater zu helfen. Lee habe sich angeboten, die Geldmittel zu verwalten und dem Vater gezielt finanzielle Unterstützung zukommen zu lassen. So sei gewährleistet, dass der Vater das Geld nicht nur für Alkohol ausgebe. Lee versichert: “I’ll make sure he uses it for groceries.” (S. 35, Z. 29). Doch auch die Aussicht, mit dem Drehbuch 300 000 Dollar zu verdienen, kann Austin nicht zum Einlenken bewegen. Er appelliert an Kimmer, sein Projekt, an dem er so lange gearbeitet habe, nicht fallen zu lassen. Saul versucht Austin klar zu machen, Lees Story sei die bessere, da sie authentisch sei und den wahren Westen zeige. Zudem interessiere sich heute niemand mehr für eine Liebesgeschichte, wie Austin sie für seinen Film konzipiert habe. Austin besteht jedoch darauf, dass er und nicht Lee den Kontakt zur Wirklichkeit habe, da der Westen, wie Lee ihn darstellt, nicht mehr existiere. Kimmer resigniert und verabredet sich mit Lee zum Essen.

Akt II, Szene 7

In dieser Szene, die am Abend spielt, sind die Rollen der Brüder vertauscht. Austin ist betrunken, während Lee mühsam versucht, sein Skript in die Schreibmaschine zu tippen. Er ist zunächst entschlossen, allein zurechtzukommen. Austin erinnert Lee an die nach seiner Meinung verrückte Vorstellung Saul Kimmers, er und Lee seien wesensverwandt. Während Austin sagt, er genieße Lees Gesellschaft, fühlt der sich in seiner Konzentration durch Austin gestört. Die Verhältnisse sind im Vergleich zum Anfang des Stücks völlig verändert. Lee hat die Rolle seines Bruders übernommen ("I'm a screenwriter now!" S. 39, Z. 28) und Austin prahlt damit, er könne sich wie einst Lee als Dieb in der Nachbarschaft herumtreiben. Er ist überzeugt, dass ihm das gelingt, und bietet Lee eine Wette an. Völlig frustriert knallt Lee die Schreibmaschine auf den Tisch. Bei dem Versuch, das Haus zu verlassen, stürzt der betrunkene Austin. Lee will Austins Frau zu Hilfe zu holen, doch dieser wehrt sich dagegen und brüstet sich, er wolle noch größere Verbrechen begehen als Lee. Austins Schwärmerei vom Leben dort draußen weckt in Lee Erinnerungen an den Vater, und er macht erneut den Vorschlag, den Vater wieder zurück zu holen. Austin will davon aber nichts wissen. Er wird aggressiv, beide gehen aufeinander los, und stürzen schließlich zu Boden. Lee bittet Austin mehrfach um Unterstützung bei der Ausarbeitung des Skripts und verspricht, dann für immer aus Austins Blickfeld zu verschwinden. Austin jedoch zieht nicht nur die Figuren in Lees Geschichte, sondern auch dessen Fähigkeiten als Drehbuchautor ins Lächerliche. Mit einer komischen, aber wahren Geschichte, wie der Vater einst sein Gebiss verlor, erinnert er an dessen vergeblichen Versuch zu verschwinden.

Akt II, Szene 8

Am nächsten Morgen kurz vor Tagesanbruch sind beide Brüder betrunken in der Küche. Austin ist damit beschäftigt, mehrere gestohlene Toaster zu polieren und mit Toastscheiben zu bestücken. Der frustrierte Lee verbrennt Seiten seines Skripts und schlägt mit einem Golfschläger auf die Schreibmaschine ein. Austins Stolz auf seinen Raubzug kann Lee nicht teilen, er möchte nach Bakersfield fahren, weil er die Gesellschaft einer Frau braucht. Er ruft bei der Telefonauskunft an und bittet um die Nummer einer gewissen Melly Ferguson. Die Verbindung bricht ab, bevor es Lee gelingt, die Nummer zu notieren. Lee beklagt seine verzweifelte Situation, in die er draußen in der Wüste nie gekommen wäre. Austin fragt Lee, ob er ihn nicht in die Wüste mitnehmen könne. Doch der bezweifelt Austins Überlebenschancen in der Wildnis und kann außerdem nicht verstehen, warum Austin alle Annehmlichkeiten der Zivilisation hinter sich lassen möchte. Er selbst lebe nur deshalb dort draußen, weil er es hier im „normalen" Leben zu nichts bringe ("I'm livin' out there, 'cause I can't make it here!" S. 50, Z. 32). Austins fortwährende Bitten, ihn mitzunehmen, machen Lee so wütend, dass er Austin den Teller mit dem Toast aus der Hand schlägt. Doch dann macht er seinem Bruder einen Vorschlag. Wenn er für ihn das Drehbuch schreibe, wolle er ihn mit in die Wüste nehmen. Austin stimmt zu: "It's a deal." (S. 51, Z. 25).

Akt II, Szene 9

Die letzte Szene des Stücks spielt um die Mittagszeit desselben Tages. Die Küche sieht aus wie eine Müllhalde, die Zimmerpflanzen sind vertrocknet. Verschwitzt arbeiten die Brüder am Drehbuch und trinken dabei Bier. Da die Schreibmaschine von Lee zerstört wurde, hält Austin handschriftlich fest, was dieser ihm diktiert. Dabei kommt es an verschiedenen Stellen zu Auseinandersetzungen, denn Lee erwartet von seinem Bruder, dass er das Diktierte auch gleichzeitig sprachlich verbessert. Beide sind so angespannt, dass sie nicht bemerken, dass plötzlich ihre Mutter die Szene betritt. Das Chaos in der Küche erklärt Austin mit der Tatsache, dass Lee eine Drehbuchidee verkauft habe und sie daher etwas gefeiert hätten. Er kündigt der Mutter an, dass er nach der Fertigstellung des Skripts mit Lee in die Wüste ziehen werde. Sie erklärt, sie habe ihren Urlaub abgebrochen, weil sie ihre Zimmerpflanzen vermisst habe. Zu ihrem Kummer muss sie nun feststellen, dass alle eingegangen sind. Ein weiterer Grund für ihre frühe Rückkehr ist ein Zeitungsartikel, in dem sie gelesen habe, dass der berühmte Maler Picasso in der Stadt sei und das Museum besuche. Sie alle sollten sich die Gelegenheit, einen so berühmten Mann zu treffen, nicht entgehen lassen. Austins Einwand, Picasso sei längst tot, lässt sie nicht gelten. Lee hat inzwischen offensichtlich seine Meinung geändert, denn er kündigt an, dass er sich nun allein aufmachen wolle – Austin sei für ein Leben in der Wüste nicht geeignet. Darin stimmt die Mutter mit ihm überein, außerdem weist sie Austin darauf hin, dass er eine Familie habe. Als Lee Vorbereitungen für seine sofortige Abreise trifft – er sucht sich etwas Geschirr zusammen –, gerät Austin immer mehr in Panik. Um Lee daran zu hindern, seinen Vorsatz in die Tat umzusetzen, schlingt er das Telefonkabel um Lees Hals und bringt ihn so in seine Gewalt. Er verlangt von Lee die Autoschlüssel zurück. Obwohl Austin seine Mutter bittet zu bleiben, verlässt diese mitleidlos die Szene. Austin bietet Lee an, das Kabel um seinen Hals zu lockern, wenn er ihm etwas Vorsprung zur Flucht gebe. Lee scheint darauf einzugehen. Er bleibt regungslos am Boden liegen. Als Austin sich der Tür nähert, springt Lee plötzlich auf, und die beiden Brüder stehen sich angriffsbereit gegenüber. Die Bühne verdunkelt sich langsam und in der Regieanweisung heißt es: "A single coyote [is] heard in the distance." (S. 61, Z. 19).

Textanalyse und Interpretation

1 Personenkonstellation und Charakterisierungen

Es treten vier Personen auf: die Brüder Lee und Austin, ihre Mutter (Mom), deren Namen man nicht erfährt, und der Filmproduzent Saul Kimmer. Im Zentrum steht die Auseinandersetzung zwischen den Brüdern, doch auch die Nebenfiguren haben eine wichtige Funktion: Beide geben der Handlung eine entscheidende Wendung. Zwar tritt der Vater nicht als Person auf der Bühne in Erscheinung, ist aber in den Gesprächen allgegenwärtig und für das Spannungsverhältnis innerhalb der Familie bedeutsam.

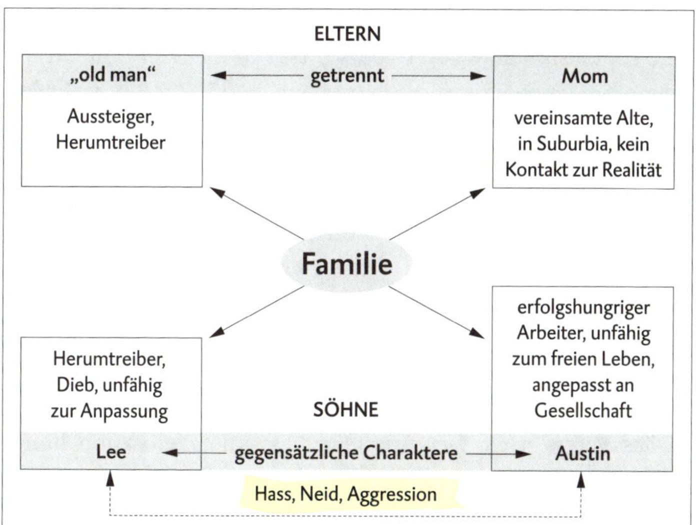

Figurenkonstellation

Im Mittelpunkt des Theaterstücks stehen die beiden ungleichen Brüder Lee und Austin, die im Laufe der Handlung eine Wandlung durchmachen.

Lee

Er ist Anfang 40, ein Herumtreiber und Tagedieb, der einen schmuddeligen und ungepflegten Eindruck macht. Seinen Lebensunterhalt bestreitet er, indem er Hundekämpfe arrangiert und Fernseher stiehlt. Lee ist aggressiv, gewalttätig und attackiert seinen Bruder mit vulgären und beleidigenden Bemerkungen. So fährt er Austin an, als der sagt, er wolle keinen Streit: "That's a dumb line. That's a dumb fuckin' line. You git paid fer dreamin' up a line like that?" (S. 10, Z. 32). Lee fühlt sich Austin unterlegen, da er nicht so gebildet ist wie sein Bruder und gesellschaftlich erfolglos geblieben ist. Er kompensiert dieses Minderwertigkeitsgefühl durch Aggression gegenüber Austin und durch sein kriminelles Verhalten, mit dem er die Gesellschaft schädigt. Austins Angebot finanzieller Hilfe erzeugt bei ihm einen Wutausbruch: "Don't you say that to me! [...] I can git my own money my own way. Big money!" (S. 11, Z. 3). Er sieht seine Unabhängigkeit und Selbstständigkeit in Frage gestellt – das größte Gut des Einzelgängers. Aufgrund seiner eigenen Erfolglosigkeit kehrte er der Gesellschaft den Rücken und zog in die Wüste hinaus, wie er später in der 8. Szene des 2. Aktes offen zugibt: "I'm livin' out there, 'cause I can't make it here!" (S. 50, Z. 32). Sie ist für ihn zum Zufluchtsort geworden, den er nur verlässt, um sich durch Diebstähle Geld zu beschaffen. Als er bei Austin auftaucht, kennt er sein neues „Jagdgebiet" in der Umgebung des Hauses seiner Mutter bereits. Lee ahmt die Lebensweise des Vaters nach. Der Aussteiger ließ die Zivilisation hinter sich, um in die Einsamkeit zu ziehen. Die Wildnis sieht Lee zum Teil mit Nostalgie. Als er Austin bei Kerzenlicht schreiben sieht, erinnert ihn dies an die Zeit der Pioniere: "Isn't that what they did? Candlelight burning into the night? Cabins in the wilderness." (S. 8, Z. 25). Doch diese Welt existiert nicht mehr, und Lee ist auch nicht der Typ des harten Pioniers und Aussteigers. Als er am Ende seinen Aufbruch vorbereitet, möchte er unbedingt Porzellan- und kein Plastikgeschirr mitnehmen, um mit der Gesellschaft in Kontakt zu bleiben: "Plastic's not the same at all. What I need is something authentic. Something to keep me in touch. It's easy to get outa' touch out there." (S. 58, Z. 3). Er redet sich ein, in der Freiheit der Wildnis aller Probleme ledig zu sein: "Here I am again in a desperate situation! This would never happen out on the desert. I would never be in this kinda' situation out on the desert." (S. 48, Z. 26). Lee pendelt also rastlos hin und her zwischen der Einsamkeit der Wüste und der Zivilisation. Er glaubt, seinem Leben eine neue Orientierung geben zu können, als es ihm gelingt, den Filmproduzenten für sein Projekt zu begeistern. Im Grunde möchte Lee so erfolgreich und anerkannt sein wie Austin. Er sieht seine Filmidee als seine große Chance, zu kommerziellem Erfolg zu gelangen. Er setzt also alle Hebel in Bewegung, um dies zu erreichen. Er ändert sich völlig und übernimmt das Verhalten, das Austin in den ersten Szenen des ersten Aktes zeigte. Er spielt den Drehbuchautor, setzt sich an die Maschine und will unbedingt selbstständig sein Skript erstellen. Doch er muss erkennen, dass er einer Illusion nachjagt, denn es fehlen ihm die Mittel, seinen Wunsch zu verwirklichen. Lee erkennt seine Grenzen, verbrennt daher seine Entwürfe und zerstört völlig frustriert die Schreibmaschine. Als er gezwungen ist, Austin um Hilfe zu bitten, legt er sein aggressives Auftreten ab. Damit gibt er seine Position des alles Beherrschenden und Unabhängigen auf. Doch auch mit diesem Rollentausch und der totalen Verhaltensänderung kann Lee seinen Erfolg nicht erzwingen. Er scheitert und bleibt der erfolglose Einzelgänger, der sich am Ende wieder in die Wüste aufmacht.

Austin

Austin ist zehn Jahre jünger als sein Bruder, sauber gekleidet, zurückhaltend und höflich. Er führt ein geordnetes Leben, hat Frau und Kinder und geht erfolgreich seinem Beruf als Drehbuchautor nach. Seine Mutter vertraute ihm während ihres Urlaubs ihr Haus an, und Austin kümmert sich zunächst vorbildlich um Haus und Zimmerpflanzen. Zugleich nutzt er die Zeit, die Arbeit an einem Drehbuch voranzutreiben. Fein säuberlich hat er alle Utensilien, die für seine schriftstellerische Tätigkeit nötig sind, bereit gestellt: „writing notebook, pen in hand, cigarette burning in ashtray, cup of coffee, typewriter on table, stacks of paper" (S. 7, Z. 4). In diese konzentrierte Arbeitsatmosphäre dringt sein Bruder Lee ein. Austin reagiert auf die Störungen anfangs sehr zurückhaltend. Auf Lees Frage: "I'm not botherin you am I?" (S. 8, 28), antwortet er lediglich: "No, it's all right." (S. 8, Z. 30). Auch auf spöttische und verletzende Bemerkungen Lees geht Austin nicht ein. Er will sich nicht aus dem Konzept bringen lassen und versucht sich auf seine Arbeit zu konzentrieren – in den Regieanweisungen heißt es: "[Austin] Trying to concentrate on writing." (S. 8, Z. 1). Lees neiderfüllte Bemerkung "But here you are gettin' invited into prominent people's houses. Sittin' around talkin' like you know somethin'." spielt Austin mit knappen Worten herunter: "They're not so prominent." (S. 13, Z. 10 ff.). Er ist der Schwächere der beiden und daher bemüht, einem Konflikt mit dem aggressiven Lee aus dem Weg zu gehen. So gibt er auch nach, als Lee ihn drängt, eine kurze Inhaltsangabe für seine Filmidee zu verfassen.

Austin, der eine *Ivy-League-School* (sehr gute und angesehene Universitäten in den USA) besuchte, ist viel gebildeter als Lee. Beruflich ist Austin sehr eifrig und zielstrebig. Seit Monaten verhandelt er mit dem Produzenten Kimmer über sein Filmprojekt ("I've been meeting him for months" S. 16, Z. 11), und das entscheidende Treffen steht nun unmittelbar bevor. Austin weiß, dass die Konkurrenz in Hollywood groß ist und eine Ablehnung seines Skripts katastrophale Folgen hätte. "It's my only shot. If this falls through –" (S. 37, Z. 12). Er braucht den kommerziellen Erfolg als Drehbuchautor, um seine Familie zu ernähren und einen Lebensstandard zu halten, den sein Bruder Lee spöttisch kommentiert: "Oh, that's right, you got the wife and kiddies now don't ya'. The house, the car, the whole slam. That's right." (S. 11, Z. 33). Austin passte sich an die gesellschaftlichen Regeln an und versuchte sich zu behaupten. Doch insgeheim leidet er unter diesem Druck, und der große Bruch kommt, als Kimmer Austins Skript ablehnt. Als der Erfolg ausbleibt, wird Austins bisherige Lebenseinstellung in Frage gestellt. Die Enttäuschung darüber, dass Kimmer sein Projekt zugunsten von Lees Vorschlag fallen lässt, löst eine vollständige Wandlung aus. Die Person, die er im ersten Akt darstellt, ist nicht mehr wiederzuerkennen. Austin vernachlässigt sich, betrinkt sich und hat keinerlei Interesse mehr an seiner Arbeit. Am erbarmungslosen Konkurrenzkampf, der heute oft als *rat race* bezeichnet wird, will er nicht mehr teilnehmen. Austin steigt aus und stellt befreit fest: "I'm retired." (S. 42, Z. 29). Er warnt Lee zudem vor den unbarmherzigen Gesetzen der Arbeitswelt: "You don't come up with a winner the first time out they just cut your head off. They don't give you a second chance ya' know." (S. 42, Z. 25).

Während Lee ihm in den ersten Szenen des Stücks auf die Nerven ging und er Lee möglichst schnell wieder loswerden wollte, sagt er jetzt: "I'm enjoying your company, Lee." (S. 39, Z. 17). War es Lee in den ersten Szenen, der Austin bei der Arbeit störte, so ist es nun Austin, der durch spöttische Kommentare die mühsamen und erfolglosen Schreibversuche seines Bruders begleitet: "Well, you got everything you need. You got plenty a' coffee? Groceries. You got a car. A contract." (S. 40, Z. 22). Er verlässt den tugendhaften Weg des ehrlichen Arbeiters, der sich an soziale Regeln hält, wird zum Dieb und stellt sich damit außerhalb der Gesellschaft. In der 5. Szene betonte er Saul Kimmer gegenüber noch, er und nicht Lee stehe mitten im Leben: "I drive on the freeway every day. I swallow the smog. I watch the news in color. I shop in the Safeway. I'm the one who's in touch!" (S. 37, Z. 32). Doch jetzt will er aus dieser Welt ausbrechen. Statt des Smogs möchte er nun den Duft von Orangenblüten einatmen: "I'm looking forward to the smell of the night. The bushes. Orange blossoms. Dust in the driveways. Rain bird sprinklers." (S. 41, Z. 24). Eine Aussage, die Lee mit den Worten kommentiert: "You sound just like the old man now." (S. 41, Z. 29). Austin will wie der Vater und wie Lee ein Leben in der Wildnis führen, wo er sich ungebunden glaubt – von allen Lasten und Verpflichtungen befreit. Doch Austin gelingt es nicht, diese Illusion in die Tat umzusetzen. Die Frustration darüber weckt in ihm Aggressionen, die ihn beinahe zum Brudermörder werden lassen ("He lunges at Lee whose back is still to him, wraps the cord around Lee's neck, plants a foot on Lee's back ..." S. 58, Z. 20). Insofern macht der reservierte Intellektuelle Austin eine noch radikalere Wandlung durch als Lee.

Mom

Die Mutter der beiden Brüder Lee und Austin ist Anfang 60, klein und konservativ gekleidet (vgl. S. 5, Z. 13). Sie tritt erst am Ende des Stückes in der 9. Szene auf. Eigentlich wollte sie Urlaub in Alaska, der letzten in unserer Zeit verbliebenen Wildnis machen. Doch sie kehrt vorzeitig zurück, da sie es dort nicht aushielt und sich nach ihrem gewohnten Zuhause und ihren Zimmerpflanzen sehnte: "It was the worst feeling being up there. In Alaska. Staring out a window. I never felt so desperate before." (S. 60, Z. 35). Es wird jedoch deutlich, dass Mom nicht ganz in dieser Welt lebt, sie hat keinen Kontakt mehr zur Realität. Als sie einen Bericht über eine Picasso-Ausstellung in der

Zeitung liest, meint sie, der Maler höchstpersönlich käme zu Besuch. Auch ihre Reaktion auf die chaotische Situation, die sie bei ihrer Rückkehr im Haus antrifft, und auf die beinahe tödliche Auseinandersetzung ihrer Söhne, charakterisiert sie als einfältige, gefühllose und handlungsunfähige Person. Sie behandelt ihre Söhne wie kleine Kinder, die zu artigem Benehmen ermahnt werden müssen:

Don't shout in the house. (S. 57, Z. 19)
You boys shouldn't fight in the house. Go outside and fight. (S. 58, Z. 11)
You're not killing him are you? (S. 59, Z. 5)
You oughta' let him breathe a little bit. (S. 59, Z. 9)

Durch diese Bemerkungen wird sie zu einer absurden, lächerlichen Figur, die die weitreichende Bedeutung dessen, was sich zwischen ihren Söhnen abspielt, in keiner Weise erkennt. Entsprechend ist auch ihre letzte Reaktion: Sie verlässt den Ort des Geschehens und zieht sich in die Sicherheit eines anderen Schneckenhauses zurück – in ein Motel.

Saul Kimmer

Er ist Ende 40 und verkörpert den Prototyp des gewieften Filmproduzenten, der einzig und allein auf Profit aus ist. Wer ihm die besten Aussichten auf kommerziellen Erfolg bietet, den hofiert er, andere lässt er gnadenlos fallen. Zunächst ist Austin der Favorit, dem er versichert: "I have never felt so confident about a project in quite a long time." (S. 17, Z. 19). Doch dann wendet sich das Blatt, und Kimmer glaubt, in Lees Idee die besseren Chancen auf einen lukrativen Kassenschlager zu sehen: "I think it has a great deal of merit." (S. 34, Z. 20). Es geht ausschließlich darum, mit dem Film Geld zu verdienen und nicht um Kunst. Kommerz kommt vor der Kunst. Kimmer ist Geschäftsmann, der Filme für das Fernsehen produziert, die beim Publikum ankommen sollen. Das sind nach seiner Erfahrung Liebesgeschichten und Streifen mit jeder Menge Action – nur damit kann man Kasse machen. In seiner einseitigen Ausrichtung auf Profit sieht er in Lees absurder Story eine authentische Westerngeschichte. Den klassischen Western *Lonely are the Brave,* von dem ihm Lee begeistert erzählt, kennt er nicht. Dies zeigt, dass ihn die Tradition des amerikanischen Kinos überhaupt nicht interessiert. In der Figur des Filmproduzenten Saul Kimmer macht Shepard deutlich, dass Kunst in Hollywood keine Rolle mehr spielt. Den künstlerischen Film, so gesteht Kimmer offen ein, überlasse er den Franzosen. Hier kann man natürlich auch eine Kritik am Publikum und dessen Geschmack sehen. Die breite Masse verlangt nach seichter Unterhaltung bzw. spektakulärer Inszenierung, und Kimmer liefert, was die Menge wünscht.

„Old man"

Der Vater der beiden Brüder tritt nicht als Person auf der Bühne in Erscheinung, sondern wird nur in Gesprächen erwähnt. Dennoch kommt ihm eine zentrale Bedeutung zu, da er in nahezu allen Szenen gegenwärtig zu sein scheint. Er verließ seine Familie, verfiel dem Alkohol und lebt nun in Armut in der Wüste. Lees und Austins „old man" ist der Individualist, der Aussteiger, der sich den Gesetzen der Gesellschaft entzieht. Für beide Söhne besitzt dieser Lebensentwurf eine gewisse Faszination. Allerdings nicht in dem Sinn, dass sie den Vater als Vorbild sehen und wie er werden wollen. In seiner jetzigen Verfassung stellt er kein Modell dar, dem sie nacheifern wollen. Lee, der als erster der Brüder den Spuren des Vaters folgt, lehnt es sogar strikt ab, von Austin wie der „old man" behandelt zu werden ("You may be able to git away with that with the old man. [...] but not me!" S. 11, Z. 5). Auch Austin wählte für sich einen anderen Lebensstil. Er schämt sich sogar seines Vaters und meidet ihn – erst am Ende des Stücks sucht er seine Gegenwart. Da beide Brüder sich in ihrer Situation nicht wohlfühlen, erscheint ihnen das Beispiel des Vaters immer wieder vor Augen. Lee und Austin schwanken zwischen der Entscheidung, sesshaft zu werden, d. h. sich anzupassen, und der Möglichkeit nach dem Beispiel des Vaters alle Bindungen und Verpflichtungen der zivilisierten Welt abzustreifen. Aus diesem Dilemma finden sie nicht heraus. Erschwert wird eine Entscheidung noch dadurch, dass Lee und Austin mit dem Vater positive Erinnerungen an ihre Kindheit verbinden. “When we were kids here it was different. There was a life here then.” (S. 50, Z. 17). Ohne ihn fehlt ihnen die Orientierung (vgl. S. 50, Z. 18 ff.), und die Sehnsucht, mit ihm Kontakt aufzunehmen, wächst. Sie denken daran, dem Vater aus seiner Armut herauszuhelfen, ihn zurückzuholen oder zu ihm zu gehen; doch gleich darauf schrecken sie vor der Realisierung dieses Wunsches wieder zurück. So gesehen beeinflusst der Vater – wenngleich auch als Person nicht präsent – das Leben und Denken der Söhne. In einem Interview drückte Shepard dies so aus:

> *It's absolutely ridiculous to intellectually think that you can sever* [loslösen, abtrennen] *yourself, I mean even if you didn't know who your mother and father were, if you never met them, you are still intimately, inevitably, and entirely connected to who brought you into the world – through a long, long chain, regardless of whether you knew them face to face or not.*[2]

2 Aufbau

Sam Shepards Stück *True West* besteht aus zwei Akten. Der erste Akt umfasst die Szenen 1 bis 4, der zweite die Szenen 5 bis 9. Es gibt nur einen Schauplatz: die Handlung spielt in der Küche eines älteren Hauses in einem Vorort von Los Angeles.

In der ersten Szene des ersten Aktes, der **Exposition** *(exposition)*, werden Handlungsort *(setting)*, Atmosphäre und die beiden Hauptfiguren *(protagonists)* eingeführt. Erste Spannungen werden sichtbar. Die Szenen 2 bis 4 bringen eine **Steigerung** *(rising action)* der Handlung: Die familiären Hintergründe werden dargelegt, Lee präsentiert seine Filmidee und wird zum Rivalen. Das Auftreten des Produzenten Kimmer führt zum **Höhepunkt** *(climax)*: Austins Schock über seine Niederlage, d. h. die Tatsache, dass sein eigenes Projekt gekippt wird. Das entscheidende Gespräch, in dem Lee Kimmer auf seine Seite zieht, findet zwischen den beiden Akten *off-stage* statt, es wird also nicht auf der Bühne gezeigt. Im zweiten Akt führen die Szenen 5 und 6 zum **Wendepunkt** *(peripeteia)* des Stückes in der 7. Szene: Der Rollentausch zwischen den Brüdern vollzieht sich. Austin muss mit seiner Enttäuschung fertig werden, schlüpft in Lees Rolle und definiert sein neues Ziel, den Ausbruch aus der Gesellschaft. Lee versucht sich vergeblich als Schriftsteller und muss sein Versagen erkennen. Eine kurze Phase der Zusammenarbeit, die man als **retardierendes Moment** *(moment of final suspense)* bezeichnen könnte, endet mit Moms Auftritt (9. Szene) und leitet die **Katastrophe** *(catastrophe)* ein, den Ausbruch der Gewalttätigkeiten. Das Ende des Konfliktes bleibt offen.

Act One			
Scene 1	Scene 2	Scene 3	Scene 4
Day 1	Day 2		
Night	Morning	Afternoon	Night
• die Brüder Lee und Austin treffen nach 5 Jahren wieder auf einander • Austin arbeitet an seinem Filmskript • Lee plant eine Diebestour in der Nachbarschaft	• Lee erzählt von den Ausflügen in die Wüste • Besuch des Vaters dort, Leben in der Einsamkeit • Austin berichtet von seiner Arbeit • kündigt einen Besucher an • bittet Lee sich fernzuhalten	• Austin und Kimmer diskutieren Austins Skript • Lee kehrt früher zurück • Lee schlägt Kimmer eine Runde Golf vor • erzählt Kimmer von seiner Filmidee	• Lee und Austin arbeiten an Lees Filmidee • Streit über Handlungsgang
• Einführung der Personen und ihrer Situation • Darstellung der unterschiedlichen Charaktere • erster offener Konflikt	• Klärung der unterschiedlichen Lebensumstände und Einstellungen • Lees Durchsetzungsvermögen (Autoschlüssel)	• Lee wird zu Austins Rivalen • Lee übernimmt die Initiative	• Lee erpresst Austin zur Mitarbeit
Exposition	**steigende Handlung**		

Grafische Darstellung: Erster Akt

Act Two				
Scene 5	Scene 6	Scene 7	Scene 8	Scene 9
Day 3			Day 4	
Morning	Afternoon	Night	Very early morning	Midday
• Lee war mit Kimmer Golf spielen • Kimmer akzeptiert Lees Idee • Austins Projekt wird gekippt	• Lee und Kimmer wollen Austin zur Mitarbeit bewegen • wollen nach anderem Drehbuchautor suchen	• Lee versucht verzweifelt sein Skript zu tippen • Austin denkt an Diebstahl und Ausstieg	• Austin poliert gestohlene Toaster • Lee verbrennt Entwürfe • Gespräch über die Wüste • Lees Vorschlag	• gemeinsame Arbeit • Mom kehrt zurück • Lee ändert seine Meinung • Kampf der beiden Brüder
• Lee übernimmt die Führung • Austin kann mit seiner Niederlage nicht fertig werden	• Austin sträubt sich weiterhin • verweigert Mitarbeit	• Austin und Lee haben die Rollen getauscht • Lee ist frustriert • Austin ist entspannt	• Austin findet zu seiner neuen Rolle • Lee sieht Ausweg aus seiner Frustration	• Moms Rückkehr verändert Situation • Zusammenarbeit zerbricht • (fast) tödliche Konfrontation
Höhepunkt		**Wendepunkt**		**Katastrophe / Pointe**

Grafische Darstellung: Zweiter Akt

3 Sprache und Symbolik

3.1 Sprache

Sprache als Mittel der Charakterisierung

Um eine Figur in einem Drama zu charakterisieren, stehen einem Schriftsteller grundsätzlich zwei Möglichkeiten zur Verfügung: die direkte und die indirekte Charakterisierung. Bei der **direkten Charakterisierung** trifft eine Figur eine Aussage über den Charakter einer anderen Person. So unterhalten sich Lee und Austin z. B. über ihren Vater und charakterisieren ihn als eigenartigen, störrischen Menschen:

AUSTIN: *He's different.*
LEE: *Oh, he's of a different ilk, huh?*
AUSTIN: *He's not gonna' change. Let's leave the old man out of it.*
LEE: *That's right. He's not gonna' change ...* (S. 27, Z. 20 ff.)

Bei der **indirekten Charakterisierung** *(implicit characterisation)* charakterisiert sich die Person selbst durch Aussehen, Kleidung, Verhalten und Gestik. So macht Lee bereits durch seine abgerissene Kleidung („filthy T-shirt" S. 5 Z. 4) und seine Körpersprache – er ist viel unterwegs auf der Bühne – den Eindruck eines heruntergekommenen und ruhelosen Eindringlings. Die Sprache, die er verwendet, kennzeichnet ihn als wenig beredten und ungebildeten Menschen der Unterschicht. Was den Wortschatz angeht, verwendet er **einfache Umgangssprache**, gespickt mit Kurzformen: *gonna* statt *going to*, *ya* für *you*, *yer* für *you are*, z. B. „Yer friendly aren't ya'?" (S. 15, Z. 16) und **grammatikalischen Fehlern**: z. B. „she don't", (S. 7) statt *she doesn't*, "He wouldn't a' gave me those clubs ..." (S. 30) statt *He wouldn't have given me those clubs*. Lee, der sich als „free agent" (S. 10, Z. 20) bezeichnet, nimmt auch verbal keinerlei Rücksicht auf seine Mitmenschen; er ist direkt, oft beleidigend. Die Aggression, die in ihm steckt, äußert sich nicht nur durch die tätlichen Angriffe auf Austin, sondern auch durch seine Redeweise. Der Gebrauch von Flüchen ("That is a dumb fuckin' line." S. 10, Z. 32, "Those are the most monotonous fuckin' crickets I ever heard in my life." S. 11, Z. 9) und Schimpfwörtern ("I don't need this shit." S. 26, Z. 25) komplettiert den Eindruck eines ungehobelten und unflätigen Menschen, dessen mangelnde Bildung z. B. bei der Einordnung Picassos deutlich wird – er kennt ihn nicht. Im Gegensatz dazu zeigt sich Austin zu Beginn des Dramas durch seine gepflegtere Ausdrucksweise als der Gebildete der beiden Brüder. Als er jedoch mit seiner Niederlage konfrontiert wird und seine bisherige Lebensplanung zerbricht, fällt von ihm das über Jahre der Anpassung an die gesellschaftlichen Konventionen eingeübte „korrekte" Verhalten ab. Er schreit seine Frustration hinaus: "I don't want my name on that piece of shit!" (S. 40, Z. 24). Außerdem versucht er, seine eigene Leistung mit drastischen Worten zu verteidigen: "I'm the one who wrote the fuckin' outline!" (S. 35, Z. 6). Aus diesen Beispielen wird deutlich, dass Shepard die Sprache zur Charakterisierung seiner Figuren und zur Verdeutlichung der emotionalen Situation, in der sie sich befinden, einsetzt.

Komik durch Sprache

Durch die Sprache wird auch eine weitere Komponente, die *True West* auszeichnet, realisiert. Das Stück gilt vielen Kritikern als *dark comedy*, denn es enthält trotz des ernsten Hintergrunds auch komische und zum Teil groteske, d. h. übertrieben komische Elemente. Der Zuschauer kann lachen und damit kurz aufatmen – man spricht von *comic relief*. Damit verschafft der Dramatiker seinem Publikum eine Art Verschnaufpause, um es wieder aufnahmefähig zu machen für tragische Ereignisse.

Eine komische Wirkung kann durch eine Situation oder durch Sprache erzeugt werden. Man spricht von **Situationskomik**, wenn ein komischer Effekt ohne Worte erzielt wird. Die

Stummfilme Charly Chaplins sind Paradebeispiele hierfür. In *True West* gibt es Szenen, die man zu dieser Kategorie zählen kann, z. B. wenn Austin sinnlos Berge von Toast produziert oder Lee in Panik nach einem Stift sucht, um sich Telefonnummern zu notieren.

Ein Beispiel für **Wortkomik** ist z. B. die Szene, in der sich Lee und Austin um den Dialog in ihrem Skript bemühen. Lee missfällt ein Satz, den eine Figur seines Western sagen soll: "I know this prairie like the back a' my hand." (S. 52, Z. 19). Auf der Suche nach einer anderen Formulierung schlägt Austin schließlich vor: "I'm on intimate terms with this prairie." (S. 53, Z. 6). Diese Formulierung, auf die sie sich dann einigen, ist völlig unpassend, da die Wendung *to be on intimate terms* von einfachen Cowboys wohl nie gewählt bzw. beherrscht würde. Sie ist hochtrabend und wirkt daher lächerlich.

Komik durch Sprache lässt sich auch an weiteren Stellen beobachten, z. B. wenn Austin seine Diebstähle von Toastern kommentiert und feststellt: "There's gonna' be a general lack of toast in the neighborhood this morning. Many, many unhappy, bewildered breakfast faces." (S. 45, Z. 5). Auch Lees ganz naive Reaktion auf eine Frage von Austin, auf die dieser eigentlich gar keine Antwort erwartet, wirkt komisch. Mit der rhetorischen Frage "You know how many guys spend their whole lives down here trying to break into this business?" (S. 30, Z. 15) möchte Austin Lee eigentlich klar machen, wie ungeheuer schwer es ist, in Hollywood im harten Konkurrenzkampf zu bestehen. Lee entgegnet jedoch ganz naiv: "I got no idea. How many?" (S. 30, Z. 18) und entschärft dadurch die ursprünglich ernste Aussage. Bitter-komisch wirken auch Moms Worte angesichts der gewalttätigen Auseinandersetzung ihrer Söhne. Sie verkennt den Ernst der Lage, und so wirken ihre Mahnungen zu artigem Benehmen völlig unpassend und lächerlich (vgl. Zitate auf S. 25). Diese Mischung von Tragik und Komik wird als grotesk bezeichnet.

3.2 Symbolik

Unter einem Symbol versteht man ein bildhaftes Zeichen, das auf allgemeine Zusammenhänge, auf eine Idee oder einen Begriff verweist. In *True West* verwendet Sam Shepard mehrere Bilder und Dinge, die für einen bestimmten Inhalt stehen. Eine symbolische Bedeutung kann man vor allem in der Wüste, den Kojoten und Grillen, den Zimmerpflanzen und Haushaltsgeräten sowie den Autoschlüsseln sehen. Bei der Interpretation von Symbolen sollte man jedoch eine gewisse Vorsicht und Zurückhaltung walten lassen, um ein Zeichen nicht zu sehr zu strapazieren und eine Auslegung zu weit zu treiben.

Die Wüste

True West spielt wie viele Stücke Shepards außerhalb von Los Angeles und enthält viele Verweise auf die Wüste, die eine mythische Anziehungskraft besitzt. Die Wüste ist der Freiraum, in den sich der Vater absetzte und in den sich beide Söhne sehnen. Die raue Wildnis bildet das positive Gegenstück zur korrupten Zivilisation. Diese wird repräsentiert durch die modernen Siedlungen im Großraum Los Angeles, welche die Natur zerstören, und außerdem durch Hollywood mit seinen rein auf Profit ausgerichteten Geschäftsleuten. In dieser Wirklichkeit konnte Lee sich nie durchsetzen, und auch Austin scheitert hier letztlich. Die Wüste – der Raum, in dem sich die Pioniere bewährten – erscheint ihnen als Zufluchtsort, obwohl sie eigentlich wissen, dass sie in ihrer ursprünglichen Form als freier Westen nicht mehr existiert. Die Wüste und das Verschwinden ihrer Ursprünglichkeit symbolisieren den Untergang des amerikanischen Traums, des Mythos von der *Frontier*, dem Grenzland, in dem den Pionieren alle Möglichkeiten offen standen. Kritiker wiesen darauf hin, dass Shepard ein Schwärmer für die Ideale des alten Westens und die Ideologie der *Frontier* ist, der in *True West* seine Sehnsucht nach einer verlorenen Welt verarbeitet.[3]

Kojoten und Grillen

Während des gesamten Stückes ist die Wüste durch das Zirpen der Grillen und das Heulen der Kojoten gegenwärtig. In der Bühnenanweisung, die er seinem Stück voranstellt, verweist Shepard ausdrücklich auf die Bedeutung dieser Geräuschkulisse: "These sounds should also be treated realistically" (S. 6, Z. 31). Mehrfach wird in den Regieanweisungen zu den einzelnen Szenen auf Grillen und Kojoten Bezug genommen:

> *Night, sound of crickets in dark* (S. 7, Z. 3)
> *Night, coyotes in distance [. . .] crickets* (S. 22, Z. 16)
> *Night, coyotes, crickets* (S. 38, Z. 14)
> *Very early morning [. . .] coyotes yapping feverishly in the distance* (S. 44, Z. 23/24)

Auch für die handelnden Personen spielen sie eine Rolle. Lee, der angeblich Erfahrung mit dem Leben in der Wüste hat, fühlt sich belästigt: "Damn coyotes kept me awake." (S. 13, Z. 1) und "Goddamn these crickets! *(Yells at crickets.)* Shut up out there!" (S. 24, Z. 29). Auch Austin weiß um die wilden Kräfte der Natur, die die menschliche Zivilisation bedrohen: "This is the time of morning when the coyotes kill people's cocker spaniels. Did you hear them? That's what they were doing out there. Luring innocent pets away from their homes." (S. 47, Z. 7). Die Geräusche der Grillen und Kojoten sind ein Ruf der Wildnis, eine ständige Verlockung, in den Raum von vermeintlicher Freiheit und Ungebundenheit zu ziehen.

Dinge und Pflanzen im Haus

Toaster, Fernseher, Schreibmaschine, Zimmerpflanzen (Natur im Haus) und Plastikgeschirr repräsentieren die Zivilisation, die im Kontrast steht zur Wildnis, zum Mythos des Westens. Die Tatsache, dass Austin eine Unmenge Toaster anhäuft, kann man in Beziehung setzen zur sinnlosen Jagd des Menschen nach Besitz um des Besitzens willen, also einer Tätigkeit ohne jeden Nutzen.

Lee bezeichnet die Dinge, die er im Hause seiner Mutter vorfindet, als wertlosen Müll: "Just a lota' junk. Most of it's phony anyway." (S. 12, Z. 19). All diese Dinge gehen kaputt, weil der Mensch sie nicht pflegt (Zimmerpflanzen) oder mutwillig zerstört (Toaster, Schreibmaschine). Gemeinsam mit weiteren Kennzeichen unserer Wegwerfgesellschaft (leere Bierdosen,

Whiskeyflaschen) bilden sie schließlich einen riesigen Müllhaufen, der den Lebensraum des Menschen einengt und das Chaos unserer Zivilisation symbolisiert. In der Regieanweisung zu Akt II, Szene 9 beschreibt Shepard die Situation, in die Lee und Austin sich im Laufe des Stücks manövrieren: "All the debris from previous scene is now starkly visible in intense yellow light; the effect should be like a desert junkyard at high noon" (S. 51, Z. 31 ff.).

Auto und Autoschlüssel

Der Streit der beiden Brüder um das Auto und die Autoschlüssel zieht sich durch das gesamte Stück. Austin ist der Besitzer des Autos, und Lee bittet ihn um die Schlüssel, um eine Spritztour in die Umgebung machen zu können. Das Auto ist ein Symbol unserer modernen Gesellschaft. Es steht für Besitz und mehr oder weniger großen Wohlstand. Zugleich ist es ein Transportmittel, das eine größere Bewegungsfreiheit sichert. Mit ihm gelingt eine Befreiung aus der räumlichen Beengtheit. So gesehen kann man den fortwährenden Kampf um das Auto, das Pferd des Cowboys von heute, auch als einen Kampf um Mobilität und um Freiheit sehen. Eine fatale Rolle spielte dieses moderne Transportmittel beim Aufeinandertreffen der modernen Zivilisation mit dem alten Westen. In dem von Lee so geschätzten Western *Lonely are the Brave*, in dem die alte Mythenwelt des Westens auf die Gegenwartswelt trifft, erleidet der Held zu Pferd, ein Don Quichotte des 20. Jahrhunderts, den Tod, da er von einem Lastwagen erfasst wird. Der Fortschritt zerstört das Althergebrachte und erscheint in einem zweifelhaften Licht.

Musik

Musik ist ein fester Bestandteil im Leben von Sam Shepard, der sich selbst auch als Rockmusiker versteht. Er spielte in mehreren Bands und arbeitete mit Bob Dylan zusammen. In *True West* spielt der Titel *Ramblin' Man* des Countrysängers Hank Williams eine symbolische Rolle. Das Lied soll in der Pause zwischen den beiden Akten gespielt werden. In diesem Song geht es um einen Mann, der das Vagabundieren im Blut hat, den es immer wieder in die Ferne zieht und der zu keiner festen Bindung fähig ist. Obwohl er weiß, dass er das Herz seiner Liebsten brechen wird, kann er dem Ruf von Freiheit und Abenteuer nicht widerstehen. Dieses Motiv zahlreicher Country- und Westernsongs unterstreicht Lees Charakter als Aussteiger und Herumtreiber. Dass dieser Song bereits am Ende des ersten Aktes gespielt wird, könnte als Vorausdeutung *(foreshadowing)* gesehen werden, dass es Lee – wie dem *Ramblin' Man* – nicht gelingen wird, die eigene Natur zu besiegen und sesshaft zu werden.

4 Zentrale Themen und Motive

Gestörte Familienbeziehungen

Eines der Hauptthemen, die Sam Shepard aufgreift, ist der Zerfall der Familie. Wie der Name schon sagt, steht gerade in den *family plays*, zu denen *True West* zählt, diese Problematik im Vordergrund. Shepard verarbeitete damit eigene Erfahrungen. Eigentlich hatte er sich immer gegen Stücke gesträubt, in denen die Institution Familie als Auslöser für Streitigkeiten gezeigt wurde:

> *I couldn't stand those plays that were all about the 'turmoil' of the family. And then all of a sudden I realized, well, that was very much a part of my life, and maybe that has to do with being a playwright, that you're somehow ensnared* [verfangen, verstrickt] *beyond yourself.*[4]

Ein weiterer Anlass, sich mit dem Thema Familie auseinanderzusetzen, war für Shepard die veränderte Einstellung der jungen Generation der 1960er-Jahre, welche die traditionelle Familie und die damit verbundenen Werte in Frage stellte. Der Institution Familie wurde vielfach vorgeworfen, ein Hindernis für die individuelle Entfaltung des Einzelnen zu sein. Daher wurden neue Lebensformen propagiert, wie z. B. das Zusammenleben in einer Kommune, in der es die typische Rollenverteilung der Kleinfamilie *(nuclear family)* zwischen Vater, Mutter und Kindern nicht geben sollte. Dies wurde als Befreiung gefeiert, als Loslösung von unnötigen Bindungen. Shepard sieht darin einen Irrglauben:

> *The one thing that keeps drawing me back to it is this thing that there is no escape from the family. And it almost seems like the whole willfulness of the sixties was to break away from the family: the family was no longer viable* [lebensfähig], *no longer valid somehow in everybody's mind. The "nuclear family" and all these coined phrases suddenly became meaningless. We were*

all independent, we were all free of that, we were somehow spinning out there in the world without any connection whatsoever, you know. Which is ridiculous.[5]

Man kann zwar die traditionelle Familienstruktur zerbrechen, doch seinen familiären Beziehungen, sagt Shepard, kann man nicht entkommen. Das wird auch deutlich, als Mom am Ende von *True West* in Erscheinung tritt. Angesichts des angerichteten Chaos fallen die Brüder in das Verhaltensmuster unartiger Kinder zurück und versichern gleich betreten, den Schaden wieder gutzumachen. Die Beziehung zwischen Eltern und Kindern ist so tief verwurzelt, dass man sie nicht einfach ignorieren kann, sie beeinflusst das Leben des Menschen. Obwohl Lees und Austins Vater räumlich entfernt von den Söhnen lebt und in seiner heruntergekommenen Existenz kein Vorbild für die Söhne ist, beeinflusst er ihr Denken und Handeln. Es ist relativ unbedeutend, in welcher Form die Familie (und Ehe) rein äußerlich besteht, d. h. ob Vater und Mutter mit oder ohne Trauschein zusammenleben. Es geht um die Art der Beziehung. Ein gestörtes Verhältnis wirkt sich negativ aus. In *True West* zeigt Shepard eine zerbrochene Familie, die weitverstreut und isoliert voneinander lebt, in der es keine Bindungen mehr gibt. Für Lee und Austin ist insbesondere der fehlende Vater *(absent father)* ein Problem. Der „old man" verließ die Familie schon vor langer Zeit und existiert bei den Söhnen nur noch in der Erinnerung. Sie sehnen sich nach der paradiesischen Welt ihrer Jugend, die mit dem Vater verbunden war. Zwar äußert Lee seine Verachtung und Abneigung gegen die zivilisierte künstliche Welt, dennoch erscheint ihm die Vorstadt wie ein Idyll, das Wärme ausstrahlt: "Like a paradise. Kinda' place that sorta' kills ya' inside. Warm yellow lights. [...] Kinda place you wish you'd sorta' grew up in, ya' know." (S. 14, Z. 24). Die Geborgenheit der Jugend ist verloren, und es gelingt nicht einmal mehr, eine Verbindung mit dem Vater aufzunehmen. Nach dem vergeblichen Versuch, sich mit dem Vater auszusöhnen, ist Austin frustriert: "I've had it with him! I went all the way out there! I went out of my way. I gave him money and all he did was play Al Jolson records and spit at me! I gave him money!" (S. 41, Z. 36). Trotz der negativen Erfahrungen und des abstoßenden Bildes, das der Vater jetzt abgibt, ist er für die Söhne noch immer von Bedeutung. Sie werden mit der problematischen Beziehung nicht fertig. "Lost in the world that the father has abandoned, both sons are disoriented and confused."[6] Auch in heutiger Zeit – mehrere Jahrzehnte nach der Entstehung von *True West* – weisen Soziologen auf die Bedeutung der Familie hin, wobei mit Familie nicht unbedingt die traditionelle Form gemeint ist. „Die Familie ist – nur, weil sie in ihrer traditionellen Form jetzt zu scheitern beginnt – ja nicht als solche gescheitert", sagt Familienforscher Johannes Huinink. Für den Menschen sei sie nach wie vor die umfassendste Beziehung, die er erfahren könne. „Wir sind zwar heute nicht mehr triebhaft Nachwuchs generierend", sagt der Soziologe, „aber es käme schon einem evolutionären Sprung gleich, wenn dieses menschliche Bedürfnis plötzlich nicht mehr existiert." Von einer normierten Konstruktion des Zusammenlebens sei die Sehnsucht nach Familie nicht abhängig. Dass sie mit dem Verschwinden des traditionellen Leitbildes verloren ginge, hält der Familienforscher darum für völlig unplausibel.[7] Die Familie – in welcher Form auch immer – bleibt also weiterhin eine Grunderfahrung des Menschen, mit der er sich auseinandersetzen muss. In *True West* zeigt Shepard die Schwierigkeiten, die Lee und Austin dabei haben.

Die Doppelnatur des Menschen

True West thematisiert einen klassischen Konflikt zwischen zwei Brüdern, der in der Literatur in zahlreichen Werken aufgegriffen wurde. Ein Kritiker gab seiner Rezension des Stücks den Titel „Kain und Abel in Südkalifornien"[8] in Anspielung auf den ersten tödlichen Bruderzwist, von dem das Alte Testament berichtet. Kain, der erste Sohn Adams und Evas, wird aus Missgunst zum Mörder seines Bruders Abel.

Mit Lee und Austin stehen sich zwei sehr unterschiedliche Charaktere gegenüber: Lee, der erfolglose, rastlose Einzelgänger, der außerhalb der Gesellschaft steht, und Austin, der angepasste, erfolgreiche, in die Gesellschaft Integrierte. Lee ist der Eindringling, er repräsentiert das Wilde und Ungezähmte. Austin dagegen ist der Beschützer, der Bewahrer des Hauses, der Vertreter der sozialen Ordnung. Im Laufe des Stücks verschwinden die anfangs so deutlichen Unterschiede, und die Brüder tauschen ihre entgegen gesetzten Positionen. Der zu Beginn selbstsichere Lee, der alles an sich reißt und sich an keinerlei Konventionen hält, versucht sich als Schriftsteller zu integrieren. Der bürgerliche angepasste Austin wandelt sich zum Aussteiger. Der Zusammenprall steigert sich nach anfänglich zögerndem Abtasten zum handgreiflichen Konflikt. Austin meint zunächst, er könne Lees Diebstähle nicht bei der Polizei anzeigen, da Lee schließlich sein Bruder sei ("You're my brother." S. 26, Z. 4). Doch Lee stellt diese Zurückhaltung aufgrund familiärer Beziehungen brutal in Frage, indem er Austin darauf hinweist, die meisten Gewalttaten passierten in der Familie: "You go down to the L.A. Police Department there and ask them what kinda people kill each other the most. What do you think they'd say? [...] Family people. Brothers. Brothers-in-Law. Cousins. Real American-type people. They kill each other in the heat mostly." (S. 26, Z. 5 ff.). Dass Menschen einander töten, erklärt Austin zunächst mit dem Wahnsinn der Täter und weist diese Verhaltensweise für sich entrüstet zurück ("We're not insane." S. 26, Z. 14). Gegen Ende des Stücks wird er jedoch selbst beinahe zum Mörder seines Bruders. Shepard zeigt hier die Doppelnatur des Menschen, der sowohl fähig ist, Großes zu schaffen als auch es zu zerstören.

I wanted to write a play about double nature, one that wouldn't be symbolic or metaphorical or any of that stuff. I just wanted to give a taste of what it feels like to be two-sided. It is a real thing, double nature. I think we're split in a much more devastating way than psychology can ever reveal. It is not [...] some little thing we can get over. It's something we've got to live with.[9]

In einigen Aufführung von *True West* wurde diese Doppelnatur des Menschen zusätzlich dadurch verdeutlicht, dass die Schauspieler ihre Rollen tauschten, d. h. ein Schauspieler spielte an einem Abend die Rolle des Lee, am anderen die des Austin.

Das Motiv der Gegensätzlichkeit, des Wirkens zweier unterschiedlicher Kräfte – auch als Dualismus bezeichnet –, lässt sich ebenso an anderen Motiven Shepards nachweisen. Er zeigt den Gegensatz zwischen wilder Natur und geordneter Gesellschaft, zwischen Kunst und Kommerz, zwischen Individuum und Gesellschaft (Familie), zwischen Mythos (der alte Westen) und Realität (der Westen heute) und zwischen Ausstieg und gesellschaftlicher Anpassung. Lee und Austin repräsentieren diese unterschiedlichen Lebensentwürfe und übernehmen im Laufe des Dramas den ihres Bruders, ohne jedoch damit ihr Glück zu finden. Weder Lees Traum vom freien wilden Westen noch Austins Vorstellung vom erfolgreichen Leben in der Gesellschaft erweisen sich als tauglich. Beide werden als Illusionen entlarvt.

Gewalt

Das Thema Gewalt ist nicht erst in heutiger Zeit zu einem viel diskutierten Problem geworden, sondern beschäftigte die Menschen schon immer. Aggressives Verhalten ist, wie die Bibelgeschichte von Kain und Abel zeigt, keine Erscheinung unserer Tage, sondern gehört zur Natur des Menschen und spielte in der Evolution aller Lebewesen eine wichtige Rolle. Dem Phänomen männlicher Gewalt geht Shepard in *True West* nach, zumal er auch hier eigene Erfahrungen verarbeiten konnte:

> *Shepard's fascination with male violence had its roots in his own family life as much as in the culture which in many ways seemed to generate it. 'Machismo', he explained, 'may be an evil force but what in fact is it? [...] I was a victim of it, it was part of my life, my old man tried to force on me a notion of what it was to be 'a man'. And it destroyed my dad. But you can't avoid facing it.'*[10]

In *True West* wird die Aggression zu Beginn des Dramas in der Person Lees besonders deutlich. Seine Körperhaltung und seine Sprache drücken eine bedrohliche Bereitschaft zur Gewaltanwendung aus. Im Laufe des Stücks kommt diese im Inneren vorhandene, aber noch zurückgedrängte Gewalt immer stärker an die Oberfläche, bis sie schließlich ausbricht. Shepard zeigt, wie diese Eskalation verläuft: aus verbaler Aggression wird physische Gewalt. Zu Beginn stört Lee Austins Konzentration bei der

Arbeit, er verunsichert und belästigt ihn, stellt spöttisch Austins Arbeit ("I did a little art myself once." S. 9, Z. 2) und Lebensstil in Frage ("Oh, that's right, you got the wife and kiddies now don't ya'. The house, the car, the whole slam." S. 11, Z. 33). Nach anfänglichen Sticheleien kommt es zu ersten verbalen Drohungen. Austins Angebot, ihm mit Geld unter die Arme zu greifen, lehnt Lee wütend ab. Die nächste Stufe sind handgreifliche Drohungen. Als Austin den Verdacht äußert, Lee habe Saul Kimmer zur Annahme seiner Filmidee gezwungen, holt Lee mit einem Golfschläger gegen Austin aus: "Lee makes sudden menacing lunge toward Austin, wielding a golf club above his head" (S. 32, Z. 35), heißt es in der Regieanweisung. Aber Lee führt seinen Schlag doch nicht aus: "stops himself, frozen moment, long pause." (S. 33, Z. 1).

Während Lee schon als gewaltbereite Figur eingeführt wird, erscheint Austin zunächst als der freundliche, zurückhaltende Charakter. Umso drastischer ist seine Verwandlung. Am Anfang übergeht er Lees Spott und Ironie, lässt sich auf keine Konfrontation ein. Doch nachdem er erfahren hat, dass sein Projekt nicht angenommen wurde, setzt eine verhängnisvolle Entwicklung ein, die ihn am Ende beinahe zum Brudermörder macht. Völlig frustriert über die Niederlage beginnt er sich so zu benehmen und so zu reden, wie Lee in den ersten Szenen. Lee sagt in Akt I, Szene 1: "Don't worry about me. I'm not the one to worry about." (S. 8, Z. 16), was Austin in Akt II, Szene 7 nachahmt: "Don't worry about me. I'm not the one to worry about." (S. 41, Z. 5). Er übernimmt außerdem Lees aggressives Verhalten: "Austin turns violently toward Lee, takes a swig at him." (S. 41, Z. 34) und steigert es noch. Er reißt das Telefonkabel an sich und droht Lee zu erdrosseln:

During this, Austin has picked up the ripped-out phone from the floor and wrapped the cord tightly around both his hands. He lunges at Lee whose back is still to him, wraps the cord around Lee's neck, plants a foot in Lee's back and pulls back on the cord, tightening it. (S. 58, Z. 19 ff.)

Am Ende des Dramas stehen sich beide drohend gegenüber, wobei der Ausgang offen bleibt. Die Steigerung der Rivalität zwischen den Brüdern und die fatale Veränderung der Charaktere spiegeln sich auch augenfällig in der Zerstörung wider, die sie in der Wohnung ihrer Mutter anrichten. Sie lassen die Pflanzen vertrocknen und verwandeln die aufgeräumte Küche in eine chaotische Müllhalde, welche die heimkehrende Mutter nicht wiedererkennt ("I don't recognize it at all." S. 61, Z. 2).

Insbesondere Austins Verwandlung veranschaulicht, dass im Grunde jeder zu Gewalttaten fähig ist. In allen Menschen schlummert eine Gewaltbereitschaft, die, so drücken es Soziologen aus, nur durch Gesetze und durch die Androhung von Strafen zurückgehalten wird. Die Hemmung versagt, wenn Affekte wie z. B Neid, Missgunst, Eifersucht, Enttäuschung, Liebesentzug, Versagen von Anerkennung oder auch Fanatismus die Oberhand gewinnen. In jüngster Vergangenheit lassen sich zahllose Beispiele für diese traurige Tatsache finden, angefangen von *school shootings* und Teenagermorden bis hin zu Terroranschlägen. Shepard lässt Lee eine Problematik ganz deutlich aussprechen, die auch in unseren Tagen noch von Bedeutung ist: Gewalt in der Familie. In Gewalttätigkeiten zwischen Ehepartnern und in Kindesmisshandlungen entladen sich gestörte Familienbeziehungen und zeigen die Gewaltbereitschaft in unserer Gesellschaft. Aus eigener Erfahrung weiß Shepard, welche Rolle Alkohol für den Ausbruch von Gewalt spielen kann. Wie sein eigner Vater sind Lee, Austin und deren „old man" in *True West* dem Alkohol verfallen, der eine nicht unbedeutende Rolle bei der Senkung der Hemmschwelle spielt, die Menschen normalerweise davon abhält, anderen Gewalt anzutun. Heutige Bemühungen in unserer Gesellschaft, den Alkoholmissbrauch – insbesondere auch unter Jugendlichen – einzudämmen, sind ein Beweis dafür, dass wir die Zusammenhänge, die Shepard in *True West* aufzeigt, noch genauso sehen und die verhängnisvollen Konsequenzen zu minimieren versuchen.

Der Mythos des Westens

Am Beispiel des Vaters veranschaulicht Shepard, dass der Traum vom Ausstieg, von der Freiheit in der Wildnis, ein Irrweg ist. Der „old man" entsagt dem in der amerikanischen Gesellschaft allgemein verbreiteten Ideal, nämlich dem Streben nach Wohlstand und Besitz. Er widersetzt sich der Anpassung, streift alle Konventionen ab, verlässt seine Familie und sucht in der Weite des Westens Ungebundenheit und Freiheit. Doch er scheitert. Er sinkt auf die unterste soziale Stufe, treibt als Bettler ziellos umher und sucht Trost und Vergessen im Alkohol. Die Suche nach dem alten wahren Westen *(True West)*, dem Westen der Pioniere, endet für den „old man" genauso erfolglos wie die Suche nach seinem Gebiss. Insofern lässt sich die komisch-tragische Episode vom Verlust des Gebisses als Symbol interpretieren. Es gibt keinen freien Raum *(open space)* mehr, in dem der Einzelne sich ungebunden entfalten und erfolgreich sein kann. Lee, der in seiner Lebensart dem Vater am nächsten ist, kehrt häufig in die Zivilisation zurück, um Diebstähle zu begehen. Er ist also auf die Zivilisation angewiesen, weil er ohne diese Raubzüge nicht überleben könnte. Dennoch zieht es ihn immer wieder in die Wüste hinaus, weil er in der Gesellschaft nicht zurechtkommt und dem Traum vom freien Leben in der Wildnis nachhängt. Dort, so glaubt er, sei ein Leben in Harmonie mit der Natur, wie es die Vorfahren führten, möglich. Als Austin bei Kerzenlicht sein Drehbuch schreibt, weckt der Schein des Kerzenlichts bei Lee die Sehnsucht nach der alten, heilen Welt des Grenzlandes *(Frontier)*: "Isn't that what the old guys did? [...] The Forefathers. You know. [...] Candlelight burning into the night? Cabins in the wilderness." (S. 8, Z. 21). Lee ist hin und her gerissen, von der Sehnsucht nach der vergangenen Welt und der Notwendigkeit, in der modernen Zivilisation sein Überleben zu sichern. Er ist ein Wanderer zwischen zwei Welten, der nirgends seine Bestimmung findet. Bezeichnenderweise ist es Lee, der dem Produzenten Saul Kimmer mit Begeisterung von *Lonely are the Brave* erzählt. Dieser Western ist eine Parabel vom Zusammenstoß des alten Westens mit der modernen Welt und spiegelt so Lees eigenes Dilemma wider. *Lonely are the Brave* erzählt vom Scheitern des Cowboys Jack Burns, der sich den Zwängen der modernen Welt nicht anpassen will. Der Individualist Burns weigert sich, Kompromisse einzugehen, sich in die Gesellschaft einzuordnen, da er weiterhin autonom nach den alten Prinzipien des Westens zu leben versucht. Für den *lonesome rider* ist jedoch kein Platz mehr in einer Welt, die sich inzwischen völlig gewandelt hat. Jack Burns ist ein Don Quichotte des 20. Jahrhunderts, der von der Moderne überrollt wird.

Im Gegensatz zu Lee weiß Austin, dass es den alten Westen nicht mehr gibt. Er weigert sich, die Westerngeschichte Lees zu Papier zu bringen, weil er sie für absolut unrealistisch und idiotisch hält: “There’s no such thing as the West anymore! It’s a dead issue! It’s dried up [...]” (S. 38, Z. 1). Dessen ungeachtet reagiert er ähnlich wie sein Bruder Lee. Als sein Skript abgelehnt wird, merkt Austin, dass er seinen Traum vom materiellen Erfolg in der Gesellschaft nicht erfüllen kann und gerät in eine Sinnkrise: “There’s nothin’ real down here, Lee. Least of all me!” (S. 50, Z. 25). Er flüchtet in eine neue Illusion, nämlich die Vorstellung, er könne außerhalb der Gesellschaft in der Wüste einen Neuanfang finden: “Let me go with you.” (S. 50, Z. 36), bittet er Lee. Das zeigt, dass auch Austin dem Lockruf des Westens erliegt, dass der Mythos vom amerikanischen Traum immer noch seine Faszination ausübt und den Menschen verführt. „Der Mythos ist eine Methode, Widersprüche, die sich in der Praxis nicht lösen lassen, auf geträumte, vorgestellte, angestrebte Weise zu harmonisieren."[11]

Der amerikanische Traum (*American Dream*)

Sam Shepard thematisiert in *True West* einen weiteren Gegensatz: den Widerspruch zwischen Mythos und Realität, zwischen Vorstellung und Wirklichkeit, im Zusammenhang mit dem so genannten *American Dream*. Dieser Mythos, der in der amerikanischen Gesellschaft tief verwurzelt ist, hat zahlreiche Facetten und ist nie genau definiert worden. Etwas überspitzt sagte Shepard: "I don't know what the American Dream is. I do know that it doesn't work."[12] Im Grunde fasst man mit diesem Begriff eine glorifizierte Vorstellung von Freiheit und Ungebundenheit im wirtschaftlichen und politischen Bereich zusammen. Wirtschaftlich gesehen ist der *American Dream* der Traum vom sozialen Aufstieg, vom gesellschaftlichen und finanziellen Erfolg, auf einen Nenner gebracht mit den Schlagworten „from rags to riches" oder „from dishwasher to millionaire". In Amerika, dem „land of the free", steht jedem der Weg nach oben offen, wenn er genug Initiative und Schaffenskraft entfaltet. Politisch gesehen ist der *American Dream* der Traum von Freiheit und Chancengleichheit aller Menschen („freedom and opportunity for all"), egal welcher Hautfarbe oder Religionszugehörigkeit. Dies ist der Traum, den Martin Luther King 1963 bei seiner Rede *I have a dream* im Sinn hatte.

Zur Zeit der Eroberung des „Wilden" Westens durch die Pioniere stellte Amerika ein offenes Land dar, das auf tatkräftige Menschen wartete. Die Chance auf Selbstverwirklichung, der Glaube an den persönlichen Erfolg, lockte im 18. und 19. Jahrhundert Millionen Einwanderer in das „Land der unbegrenzten Möglichkeiten". Es wurde der Mythos propagiert, dass Einsatz, Talent, harte Arbeit und Anstrengung reichlich belohnt würden. In Wirklichkeit – und besonders in der kapitalistischen Wettbewerbsgesellschaft – wurde dieses Versprechen des Erfolgs und der Erfüllung für jeden jedoch nicht eingelöst. Shepard sieht darin eine Verführung der Menschen. Es wird ihnen etwas versprochen, was nicht eingehalten werden kann. Die Verführung durch die Werbung bestehe auch in unserer Zeit fort:

> *The move westward was promoted by advertising. You know, "Come West!" "Free land!" "Manifest Destiny." So we've always been seduced by advertising, and now we're even more seduced by the computer and the Internet. [...] So the American Dream is always this fantasy that's promoted through advertising. We always prefer the fantasy over the reality.*[13]

Das Tragische im Zusammenhang mit dem Mythos vom amerikanischen Traum besteht darin, dass dem Einzelnen immer noch eingeredet wird, der Traum sei erfüllbar, und er dann sein Scheitern auf eigenes Versagen zurückführt. Genau dies zeigt Shepard in seinem Werk.

5 Interpretation von Schlüsselstellen

Akt I, Szene 5

Handlungszusammenhang: Mit dieser Szene beginnt der zweite Akt von *True West*. Am Ende des ersten Aktes hatte Lee seinen Bruder Austin überredet, eine kurze Inhaltsangabe seiner Westerngeschichte zu Papier zu bringen, damit er sie dem Produzenten Saul Kimmer bei einem Golfspiel vorstellen konnte. In der Zwischenzeit hat dieses Spiel stattgefunden, und Lee berichtet Austin, dass Kimmer Lees Projekt annimmt und dafür Austins zurückstellt. Diese Entscheidung ist für Austin unbegreiflich und bringt ihn völlig aus der Fassung.

Verlauf und Bedeutung: Wenn der Vorhang sich hebt, steht Lee mit Golfschlägern und einer modischen Golftasche auf der Bühne. Dass sein Spiel mit Saul Kimmer inzwischen stattfand und dass die Verhandlung für ihn positiv verlief, wird durch Austins Nachfragen deutlich ("He gave you the clubs?" S. 30, Z. 7 – "He's giving you an advance?" S. 30, Z. 10). Es bleibt aber zu klären, wie es zur Annahme von Lees Drehbuchidee kam, schließlich ereignete sich die Unterredung zwischen Lee und Kimmer während ihres Golfspiels *off-stage*. Insofern sind die Zuschauer in derselben Situation wie Austin und verfolgen mit Spannung die weitere Aufklärung. Austin bringt zunächst seine Verwunderung zum Ausdruck, indem er feststellt: "Well that is really incredible." (S. 30, Z. 15). Er kann es nicht so richtig glauben, dass Kimmer sich für Lees Geschichte erwärmen konnte, die Austin zuvor als völlig wirklichkeitsfern eingestuft hatte ("It's not like real life! It's not enough like real life! Things don't happen like that." S. 24, Z. 12). Austin bleibt skeptisch, weil er Kimmers Geschmack kennt und weil ja noch kein Vertrag abgeschlossen wurde. Er gratuliert aber seinem Bruder und möchte mit einem Glas Champagner auf den Erfolg anstoßen. Zwar zweifelt Austin wohl noch etwas an dem für Lee positiven

Ausgang des Gesprächs mit Kimmer, doch scheint er seinem Bruder den Erfolg zu gönnen, weil er selbst davon nicht näher betroffen ist und noch keine Nachteile für sich darin sieht.

Diese bis dahin recht positive Stimmung Austins ändert sich schlagartig, als Lee ihm ohne weitere Vorankündigung mitteilt, er, Austin, werde für das Verfassen des Drehbuchs gut entlohnt werden ("Yer gonna' get a nice fee fer writin' the script of course." S. 31, Z. 20). Austin will in diesen Deal nicht eingebunden werden und weist Lees Angebot unter Hinweis auf seine eigene Arbeit erst einmal zurück. Der wahre Tiefschlag trifft ihn, als er erfahren muss, dass Kimmer sein Projekt zugunsten von Lees fallen ließ ("he said he was gonna drop that other one." S. 31, Z. 27). Lee ahnt offensichtlich, wie schockiert Austin von dieser Wendung sein muss, denn er versucht fast entschuldigend seinen Erfolg als Anfängerglück herunterzuspielen. Für Austin ist das kein Trost, er kann Kimmers Entscheidung nicht nachvollziehen, und aus seinem anfänglichen etwas ungläubigen Staunen über Lees Glück mit seiner Filmidee wird schroffe Ablehnung. Er fühlt sich in seiner Leistung nicht anerkannt und kann nicht verstehen, dass seine eigene Geschichte, die er für so viel besser hält als Lees, nicht realisiert werden soll. Dies kommt zum Ausdruck, indem er Lees Geschichte nun ganz brutal als die dümmste bezeichnet, die ihm je unterkam ("It's the dummest story I ever heard in my life." S. 32, Z. 14). Hatte er Lee bisher, wenn auch etwas zögerlich, unterstützt, wendet er sich nun gegen ihn – Lee ist jetzt sein Konkurrent. Noch immer kann er sich nicht erklären, warum Kimmer sich für Lees Geschichte entschied. Der Filmproduzent, so denkt Austin, kann die Geschichte nicht wegen ihrer Qualität gewählt haben, und so äußert er den Verdacht, Lee habe Kimmer durch Gewaltandrohung zu dieser Entscheidung gezwungen („Threatened him or something" S. 32, Z. 32). Diese Unterstellung macht Lee, der sich bis dahin Austin gegenüber recht zurückhaltend und keineswegs triumphierend verhielt, so wütend, dass er Austin mit einem Golfschläger bedroht. Es kommt aber nicht zur tätlichen Auseinandersetzung, sondern die Situation entspannt sich wieder.

Allerdings ist deutlich zu spüren, wie die Enttäuschung an Austin immer stärker nagt und sein Verhalten beeinflusst. Wie ein kleines Kind weigert er sich, Lee über den Inhalt seines eigenen Films zu informieren ("I'm not telling you." S. 33, Z. 24). Ebenso kindisch wirkt sein Protest dagegen, dass Kimmer Lees Story einigen Studiobossen präsentieren will, denn der Entwurf stamme ja schließlich von ihm, von Austin: "That's my outline you know! I wrote that outline!" (S. 33, Z. 29). Im selben Tonfall – und auf dem Höhepunkt seiner Frustration – verlangt Austin: "I want my keys back!" (S. 33, Z. 34). Dies ist für ihn im Moment die letzte Möglichkeit, doch noch die Oberhand über Lee zu gewinnen und die Machtposition zu besetzen – wenn auch auf einem anderen Gebiet, als „Herrscher" über die Autoschlüssel. Insofern kann man die Wagenschlüssel als eine Art Machtsymbol begreifen. Austin straft seinen Bruder in gewisser Weise, indem er ihm ein einmal gewährtes Privileg, nämlich die Benutzung des Wagens, wieder entzieht. Austin ist angesichts der veränderten Position dermaßen aus dem Konzept gebracht, dass er nicht in der Lage ist, weiter zu diskutieren und sich mit Lee auseinanderzusetzen. Mit dieser bitteren Niederlage muss er jetzt erst einmal alleine fertig werden. Seine Frustration entlädt sich hier noch nicht in Aggression gegen Lee, wie das im späteren Verlauf der Ereignisse geschieht (Akt II, Szene 9), sondern er reagiert mit Flucht: "I gotta take a drive. I gotta get out of here for a while." (S. 34, Z. 1). Zurück bleibt ein überlegener Lee, der sich sicher ist: "We're partners now." (S. 34, Z. 7). Er weiß, dass Austin wieder zurückkommen wird und dass sie gemeinsam weiter arbeiten werden.

Diese Szene ist so bedeutend, weil hier die völlige Veränderung Austins einsetzt. Der erfolgreiche Drehbuchautor wird in seinem Selbstverständnis dermaßen erschüttert, dass er seine bisherige Lebensplanung komplett umwerfen und sich völlig neu orientieren wird. Für Lee andererseits beginnt ebenfalls eine neue Phase, in der er sich den Erfolg erhofft, der ihm bisher versagt blieb. Dafür gibt er seine Unabhängigkeit auf, die sich in seinem unsteten Herumtreiben äußerte, und versucht die Regeln und Methoden zu übernehmen, die nach allgemeiner Auffassung zu Erfolg, Anerkennung und Wohlstand in der Gesellschaft führen. Er scheint entschlossen, die Chance, die ihm durch Kimmer eröffnet wurde, zu nutzen. Die weitere Handlung zeigt den Versuch von Lee und Austin, nach dieser Neuorientierung, die vor allem Austin nicht freiwillig vornahm, ihr Leben neu zu beginnen.

Vergleich Akt I, Szene 1 und Akt II, Szene 7

Handlungszusammenhang: Ein Vergleich der beiden Szenen I, 1 und II, 7 wird sicherlich zu den fruchtbarsten Aufgaben für Klausuren und Prüfungen gehören. Denn hier kommt der komplette Rollentausch zwischen Lee und Austin, der sich nach und nach in den dazwischen liegenden Szenen vollzieht, zum Abschluss, bevor das Stück auf den fulminanten Schlussauftritt zusteuert. Wie in jedem Drama hat die erste Szene des ersten Aktes die Funktion, die Personen, den Ort der Handlung sowie die Ausgangssituation einzuführen. In der Exposition von *True West* werden die beiden Brüder Austin und Lee vorgestellt und charakterisiert. Außerdem wird die momentane Lage, in der sie sich befinden, dargelegt, und die ersten Gegensätze werden deutlich. In I, 1 schreibt Austin an seinem Drehbuch, und der leicht angetrunkene Lee stört ihn dabei. In II, 7 ist es umgekehrt, denn in der Zwischenzeit konnte Lee seine Westerngeschichte an den Produzenten Saul Kimmer verkaufen, Austins Projekt wurde verworfen. Im Folgenden sollen mehrere Parallelen und Unterschiede zwischen den beiden Auftritten dargestellt werden in Bezug auf die Handlungselemente und das Verhalten der beiden Hauptfiguren.

Verlauf und Bedeutung: Beide Szenen spielen nachts bei Kerzenlicht, Kojoten und Grillen sind zu hören. Auch die dargestellte Situation ist ähnlich, denn in beiden Szenen geht es um das Schreiben eines Drehbuchs. Allerdings sind die Rollen unterschiedlich besetzt. In der Eingangsszene sitzt Austin in der Küche und versucht, sich auf seine Arbeit zu konzentrieren, wobei ihn sein leicht angetrunkener älterer Bruder Lee stört. In II, 7 wurden die Plätze getauscht. Jetzt ist es Lee, der sich bemüht, einen Drehbuchentwurf in die Schreibmaschine zu tippen, während Austin die Rolle des angetrunkenen Störenfrieds übernimmt. Weniger zurückhaltend als Austin zu Beginn des Stücks geht Lee nun mit Austins Belästigungen um. Er fährt ihn an: "Hey! Knock it off will ya'! I'm trying to concentrate here." (S. 38, Z. 23) und mahnt ihn: "I'm trying to do some screenwriting here!" (S. 40, Z. 30). In I, 1 ist Austin der sachliche Arbeiter, der Lees Anwesenheit nachsichtig erträgt und einen offenen Konflikt meidet. Diese Zurückhaltung legt er im zweiten Akt komplett ab und begleitet Lees Bemühungen mit ironischen und spöttischen Bemerkungen ("Well you got everything you need." S. 40, Z. 32). Lees Beteuerung "I'm a screenwriter now!" (S. 39, Z. 28) kommentiert er lachend mit einer höhnischen Wiederholung des Begriffs „A screenwriter!“ (S. 39, Z. 29). Schadenfreude steigt in ihm auf, weil er sieht, wie der hilflose und frustrierte Lee sich mit seinem Werk abmüht: "Yer on your own now old buddy." (S. 42, Z. 20). Alle Hemmungen sind von ihm abgefallen und drastisch drückt er aus, was er von Lees Story hält: „[a] piece of shit“, S. 40, Z. 24.

Nicht nur beim Drehbuchschreiben sind die Positionen der Brüder vertauscht. In der Eingangsszene ist es Lee, der sich offen zu seinem kriminellen, gesellschaftschädigenden Verhalten bekennt. Durch Diebestouren in der Nachbarschaft will er sich einen Zusatzverdienst verschaffen. Austin versucht, das zu verhindern, indem er Lee finanzielle Hilfe anbietet und ihn bittet, zumindest die Gegend, in der die Mutter wohnt, zu verschonen. Von dieser Haltung ist in II, 7 nichts mehr zu spüren. Austin prahlt damit, noch größere Straftaten als Lee begehen zu können.

Ebenso hat sich im Selbstverständnis der Personen ein Wandel vollzogen. In I, 1 betonte Lee Austin gegenüber stets seine Selbstständigkeit und Unabhängigkeit: "you don't have to worry about me. I'm a free agent." (S. 10, Z. 20). Dieses Selbstvertrauen ist im zweiten Akt verschwunden. Fast flehend wendet er sich an Austin und bittet um Unterstützung: "Just help me a little with the characters" (S. 42, Z. 4) und "I need some advice. Just a couple a' things. Come on, Austin. " (S. 42, Z. 22). Doch Austin, der in der ersten Szene Lee noch Geld und Unterkunft im eigenen Haus anbot, macht Lee klar, dass er von ihm keine Hilfe zu erwarten habe: "Not from me. Not from yer little old brother." (S. 42, Z. 29). Auch was das aggressive Verhalten angeht, sind die Rollen vertauscht. In I, 1 packt Lee seinen Bruder wutentbrannt, als der ihm Geld anbietet ("Lee suddenly lunges at Austin, grabs him violently by the shirt, and shakes him with tremendous power." Regieanweisung, S. 11, Z. 1). Aus dem reservierten Austin der Anfangsszene wird im zweiten Akt ein wilder Aggressor, wie die Regieanweisungen verdeutlichen: "Austin turns violently toward Lee, takes a swing at him" (S. 41, Z. 34). Auslösendes Moment für diesen Aggressionsausbruch ist Lees Bemerkung, mit dem Erlös aus der gemeinsamen Arbeit, den Vater wieder in die Gesellschaft zurückbringen zu können.

Der „old man“ spielt in beiden Szenen eine wichtige Rolle, doch auch hier lassen sich deutliche Unterschiede ausmachen. In I, 1 kam das Thema „old man“ und damit das Verhältnis der Söhne zu ihrem Vater nur in einigen Andeutungen zur Sprache. Beide hatten den Aussteiger in der Wüste aufgesucht, und Lee scheint ein engeres Verhältnis zu ihm zu haben. "He told me all about you." (S. 9, Z. 15), sagt Lee in I, 1 zu Austin, als habe der Vater ihm Einzelheiten anvertraut, um die Lee jetzt ein Geheimnis macht. Austin drängt Lee nicht weiter, sondern wechselt das Thema. In II, 7 verhält es sich anders, Austin wird deutlicher. Er sagt, er habe den Vater aufgesucht, habe ihm helfen wollen, sei jedoch nur auf Ablehnung gestoßen. Damit, so beteuert Austin, sei die Verbindung zum Vater beendet, der Vater für ihn erledigt: "I don't want him out here! I've had it with him!" (S. 41, Z. 36). Allerdings könnte diese Versicherung nicht die Bewältigung des problematischen Vater-Sohn-Verhältnisses bedeuten, denn II, 7 endet mit einer langen Erzählung Austins über ein Missgeschick des Vaters. Dass er sich so lange noch mit dem Schicksal des „old man" befasst, deutet darauf hin, dass sich dieses Thema für die Brüder nicht so leicht verdrängen lässt.

Insgesamt gesehen zeigt ein Vergleich der beiden Szenen einen Rollentausch zwischen Lee und Austin sowohl in ihrem Verhalten als auch in ihrer Lebenseinstellung. Lee schlüpft in Austins Rolle, will sich an die Gesellschaft anpassen und sucht Erfolg. Austin gibt dieses bisher von ihm angestrebte Ziel auf und übernimmt Lees Rolle als Verweigerer und Aussteiger. Es zeigt sich, dass beide Figuren in der Lage sind, die jeweilige Rolle des anderen zu übernehmen. Damit wird deutlich, dass Sam Shepard anhand dieser beiden unterschiedlichen Charaktere die zwei Seiten eines Menschen, seine Doppelnatur, zeigt. Die Tatsache, dass in einer Broadway-Aufführung die beiden Hauptdarsteller an verschiedenen Abenden die Rollen tauschten, ist ein treffender Beleg für diese Interpretation.

Akt II, Szene 9

Handlungszusammenhang: Akt II, Szene 9 ist die letzte Szene von *True West*. Austin hat sich inzwischen damit abgefunden, dass seine Filmidee verworfen wurde und dass Lees Projekt verwirklicht werden soll. Lee will unbedingt das Drehbuch für sein Projekt verfassen, doch er muss einsehen, dass ihm dazu die intellektuellen und sprachlichen Fertigkeiten fehlen. Er weiß, dass er Austins Mithilfe benötigt. Die erhält er, als er Austin verspricht, ihn mit in die Wüste zu nehmen, wenn Austin ihm beim Verfassen des Drehbuchs hilft. Die Brüder schließen ein entsprechendes Abkommen ("It's a deal." S. 51, Z. 25). Szenerie und Atmosphäre sind gegenüber den vorherigen Szenen verändert. Es ist heller Tag, um die Mittagszeit, und in der Küche herrscht brütende Hitze. Lee entledigte sich seines Hemds und kippt nun zur Abkühlung Bier über sich. Die Küche ist ein einziger Müllplatz und spiegelt das Chaos wider, in dem sich die handelnden Personen befinden. Der Eindruck von Chaos und Zerfall wird durch die verdorrten Zimmerpflanzen noch verstärkt.

Verlauf und Bedeutung: Die Szene lässt sich in drei Teile gliedern: der erste und der letzte Teil zeigt die beiden Brüder Austin und Lee alleine auf der Bühne, im mittleren Teil kommt ihre Mutter hinzu. Dieser mittlere Auftritt ist von erheblicher Bedeutung, da Moms Erscheinen wie ein Katalysator wirkt und ihr Auftritt eine Wende auslöst. Das Verhältnis der beiden Brüder ändert sich danach wieder, und die Katastrophe wird eingeleitet. Vor dem überraschenden Eintreffen der Mutter sind Austin und Lee emsig dabei, ihre Abmachung zu erfüllen und das Skript zu erstellen. Lee diktiert, Austin schreibt und hat die zusätzliche Aufgabe, sprachliche Verbesserungen vorzunehmen. Dabei kommt es z. B. bei der Umformulierung des Satzes "I know this prairie like the back of my hand." (S. 52, Z. 19) zu einem grotesken Dialog, der an das absurde Theater erinnert (siehe Kapitel „Sprache und Symbolik", S. 33). Insgesamt zeigt sich, dass beide bemüht sind, ihre Abmachung einzuhalten und zu einem Ergebnis zu kommen. Vor allem in Austins Verhalten wird deutlich, dass er seinen Widerstand gegen Lees Story völlig aufgegeben und eventuelle Bedenken zurückgestellt hat. Für ihn ist jetzt die Aussicht, mit Lee aus der Gesellschaft auszusteigen, zum wichtigsten Ziel geworden, dem er alles unterordnet. Er kommt Lee entgegen, macht Vorschläge, um ihn zufrieden zu stellen und die Arbeit möglichst schnell zu Ende zu bringen. An diesem Punkt der Handlung, da die Brüder völlig in ihre Arbeit vertieft sind, tritt wie aus heiterem Himmel ihre Mutter auf, mit deren Rückkehr sie überhaupt nicht gerechnet hatten. Lee entdeckt sie zuerst, Austin ist so beschäftigt, dass er Mom nicht gleich bemerkt. Durch ihr Erscheinen werden beide aus ihrer intensiven Beschäftigung gerissen und verhalten sich plötzlich wie ungehorsame Kinder, die bei einem Streich erwischt wurden. Sie zeigen sich schuldbewusst, da sie ihre Pflichten vernachlässigt hatten: die Pflanzen sind eingegangen, die Wohnung ist mit Müll übersät. Lee bietet sich brav an, der Mutter die Koffer zu tragen, doch er kann sie nirgends abstellen, da überall Abfall herumliegt. Austin versucht seine Verlegenheit zu überspielen, indem er artige Konversation versucht ("How was Alaska?" S. 54, Z. 9), höflich seine Hilfe anbietet ("You wonna take your coat off, Mom?" (S. 54, Z. 21) und verspricht, die Unordnung zu beseitigen ("I'll clean it up for you, Mom." S. 55, Z. 15).

Mom ihrerseits steht den chaotischen Zuständen ratlos gegenüber. Sie nimmt es klaglos hin, dass ihre Pflanzen kaputt sind, obwohl sie ja gerade wegen ihrer Pflanzen früher als geplant aus Alaska zurückgekommen ist. Zudem scheint sie den Bezug zur Realität verloren zu haben, da sie nicht versteht, dass ein Zeitungsbericht eine Ausstellung von Picassos Bildern ankündigt und nicht den Besuch des Malers selber, der längst verstorben ist. Mit ihren Söhnen will sie in die Stadt gehen, um den Künstler zu sehen – ein Ausflug wie in alten Zeiten, als die Kinder noch klein waren. Sie erkennt auch die bedrohliche Dimension nicht, welche die Auseinandersetzung zwischen ihren Söhnen erreicht und stellt naiv fest: "He won't kill you. He's your brother." (S. 60, Z. 3). Wie wenig realistisch diese Einschätzung ist, wird klar, wenn man sich erinnert, dass Lee einst davon gesprochen hatte, dass die meisten Gewaltverbrechen in Familien geschehen (vgl. S. 26, Z. 9 ff.). Ungerührt überlässt sie die beiden Kampfhähne ihrem Schicksal und bringt sich in Sicherheit: "Well, I'm going to check into a motel. I can't stand this anymore." (S. 60, Z. 25).

Mom äußert ihre Verwunderung und ihr Unverständnis über die Situation, die sie antrifft, durch zahlreiche Fragen an ihre Söhne:

What happened in here? (S. 54, Z. 22)
You sold a screenplay? (S. 54, Z. 30)
You gonna live with your father? (S. 54, Z. 35/36)
What are all those toasters doing here? (S. 55, Z. 3)
Did you win a lot of money, Lee? (S. 55, Z. 8)
Well it's one hell of a mess in here isn't it? (S. 55, Z. 14)

Lee und Austin versuchen Antworten zu finden, doch letztendlich bewirkt Moms Nachfragen insbesondere bei Lee die komplette Aufgabe seiner Pläne und den Rückfall in alte Verhaltensmuster. Statt sich der Situation zu stellen und sich weiter mit dem Drehbuch abzumühen, ergreift er die Flucht ("I'm leaving. I'm getting out of here." S. 57, Z. 7). Moms Intervention erscheint für ihn wie eine willkommene Gelegenheit, peinlichen Erklärungen und weiterer Mühsal aus dem Weg zu gehen. Folglich beginnt Lee sich für einen sofortigen alleinigen Aufbruch in die Wüste zu rüsten – bezeichnenderweise sucht er Besteck und Porzellan zusammen, was wohl ein echter Abenteurer nicht mitnehmen würde. Wie es seiner Natur entspricht, geht Lee Belastungen aus dem Weg und entscheidet sich dafür, die mit Austin getroffene Vereinbarung nicht einzuhalten, sondern seine vorherige Lebensweise wieder aufzunehmen. Austin bemerkt dies und gerät in Panik. Er bekräftigt seine Entschlossenheit, mit Lee mitzugehen: "I'm going with you, Lee!" (S. 57, Z. 10). Wahrscheinlich ahnt Lee, wie tief getroffen Austin von der Entscheidung, ihn zurück zu lassen, sein wird. Daher führt er mehrere Einwände zur Erklärung seines Sinneswandels ins Feld. Er wirft ein, Austin sei für die Wüste nicht geeignet, es sei zu heiß, um weiter am Drehbuch zu arbeiten, man könne die Arbeit doch auch verschieben und außerdem sei die Story unsinnig. Die geäußerten Bedenken dienen wohl auch einer Rechtfertigung vor sich selbst, dass er den ursprünglichen Plan, den er mit Austin vereinbart hatte, nicht einhalten wird. Doch Austin will diese Ausweichmanöver nicht gelten lassen. In äußerster Verzweiflung greift er zu Gewalt und schlingt das Telefonkabel um Lees Hals, um ihn am Fortgehen zu hindern. Außerdem verlangt er seine Autoschlüssel zurück, um sich absetzen zu können. Wer von den beiden letztendlich als Sieger aus diesem Zwist hervorgeht, bleibt offen. Denn gerade als sich die Kontrahenten drohend gegenüber stehen, geht auf der Bühne das Licht aus. Es ist bezeichnend, dass der finale Konflikt zwischen den Brüdern ausgerechnet von ihrer eigenen Mutter, also einem engsten Familienmitglied, auf den Höhepunkt getrieben wird. Dies ist eine Tatsache, die im Zusammenhang mit der von Shepard angesprochenen Thematik der zerbrochenen Familienbeziehungen eine besondere Bedeutung gewinnt.

Vergleich mit Arthur Millers Drama *Death of a Salesman*

Austins Versuch, aus seinem bisherigen Leben auszusteigen, ist das Eingeständnis, dass das Ziel, nach dem er bisher sein Leben ausrichtete, falsch war. Seit seiner Jugend versuchte er, den amerikanischen Traum vom materiellen Erfolg zu verwirklichen: Geld zu verdienen, um seiner Familie einen gehobenen Lebensstandard zu bieten und Anerkennung in der Gesellschaft zu finden. Als ihm der persönliche Erfolg versagt bleibt, steht er mit leeren Händen da und muss nach einem neuen Sinn in seinem Leben suchen. Diese Problematik, die Sam Shepard in *True West* darstellt, wurde rund 30 Jahre vorher in einem Klassiker der amerikanischen Theaterliteratur, den auch Shepard bewundert, beispielhaft auf die Bühne gebracht: in Arthur Millers Drama *Death of a Salesman*. In beiden Stücken wird der amerikanische Traum als Lebenslüge entlarvt, und in beiden spielt die Beziehung zwischen Vater und Söhnen eine wichtige Rolle. Da Shepards Stück *True West* oft im Zusammenhang mit Millers Schauspiel behandelt und mit ihm verglichen wird, soll auf *Death of a Salesman* hier etwas näher eingegangen werden.

Der amerikanische Traum als Lebenslüge

Arthur Miller (1915–2005) verfasste sein Drama 1949 und zeigt darin, wie der Traum des kleinen Handelsvertreters Willy Loman von Aufstieg und Erfolg in der amerikanischen Gesellschaft von heute zerplatzt. Wie Lee und Austin in *True West* leidet Willy Loman an der Unvereinbarkeit von Wunschvorstellung und Realität. Der Handelsvertreter richtete sein Leben nach dem Versprechen des amerikanischen Traums aus, jeder könne aufgrund seiner Initiative und seines Fleißes so erfolgreich sein wie die Pioniere in der Gründerzeit der USA. Willy sagt: "America is full of beautiful towns and fine people / America is an open sesame." In der Geschichtensammlung *Tausendundeine Nacht* öffnete sich mit dem Zauberwort „open sesame" eine Schatzkammer. Willy meint, Amerikas Schätze lägen offen da und brauchten nur eingesammelt zu werden. Gesellschaftliches Prestige und geschäftlicher Erfolg werden als erstrebenswerte Ziele ausgegeben, die dem Leben überhaupt erst einen Sinn geben. Doch Willy ist kein erfolgreicher Verkäufer. Er verkauft immer weniger, seine Einkünfte sinken, während die Kosten für die Lebenshaltung steigen. Willy Loman will sich und seiner Familie seine Erfolglosigkeit, sein Scheitern, nicht eingestehen, sondern macht sich selbst und anderen etwas vor. Er tut so, als sei er bei seinen Kunden beliebt und schließe lukrative Geschäfte ab. Er schafft sich seine eigene Welt, die mit der Realität nichts mehr zu tun hat, weil sie auf einer Lüge beruht. Ohne diese Lüge kann Willy aber nicht leben, weil er meint, nur am wirtschaftlichen Erfolg gemessen zu werden. Durch diese falsche Selbsteinschätzung verliert Willy die Orientierung im wirklichen Leben und flüchtet in Zeiten tiefer Niedergeschlagenheit und Verzweiflung in eine Traumwelt.

Das Schaffen einer Traumwelt, fernab von der Wirklichkeit, kommt auch in *True West* zur Sprache. Austin kritisiert die Figuren, die in Lees Westerngeschichte auftauchen, als Fantasiegebilde einer verlorenen Kindheit („fantasies of a long lost boyhood", S. 42, Z. 15). Sie sind damit Ausdruck einer Sehnsucht nach alten Zeiten, ein „Sich-Weg-Wünschen" aus der Realität. In Willys Traumvorstellungen tritt sein Bruder Ben auf, der das Ideal des Erfolgreichen verkörpert. Doch die Erinnerung an Ben verschafft Willy keinen inneren Frieden, sondern setzt ihn noch mehr unter Druck, da für ihn das Ideal unerreichbar bleibt. Am Ende sieht Willy Loman den einzigen Ausweg, doch noch zu Erfolg, d. h. für ihn zu Geld zu kommen darin, sich umzubringen, damit seine Familie die Lebensversicherung erhält. Was in *True West* noch angedeutet wird und offen bleibt, nämlich der Untergang der beiden Brüder, wird von Miller in *Death of Salesman* bis zum bitteren Ende durchgespielt. Die Illusion vom materiellen Erfolg zerstört das Leben des Menschen.

Das Verhältnis zwischen Vater und Söhnen

Eine weitere Parallele ergibt sich bei der Betrachtung der Beziehungen zwischen Vater und Söhnen in den beiden Dramen. In *True West* spielt Lee und Austins Vater im Leben der Söhne insofern eine wichtige Rolle, als er ein Vorbild bzw. ein negatives Vorbild abgibt. Durch seine Lebensart beeinflusst er seine Söhne: Lee ahmt ihn zum Teil nach, Austin entwickelt einen Gegenentwurf. Eigentlich will er nicht so sein wie sein Vater, doch am Ende sucht auch er die Lösung im Ausstieg aus der Gesellschaft. Auch in *Death of a Salesman* beeinflusst Willy Loman die Lebensgestaltung seiner Söhne. Er will sie zu erfolgreichen und lebenstüchtigen Menschen machen. Er erwartet von ihnen, dass sie sich im Konkurrenzkampf bewähren und zu den Besten zählen. Damit setzt er seine Söhne aber nur unter Druck. Sie versuchen zunächst, den hohen Erwartungen gerecht zu werden, um den Vater nicht zu enttäuschen. Durch vorgetäuschte Erfolge wollen sie ihre Liebe zum Vater beweisen. Als Willy jedoch erkennen muss, dass beide Jungen im Leben gescheitert sind, schlägt seine Liebe in Hass und Wut um, weil er meint, die Erfolglosigkeit der Söhne sei Ausdruck des Trotzes und Widerstands gegen den Vater. Die Reduzierung des Wertes eines Menschen auf seine materiellen Erfolge hat ihre Wurzeln im amerikanischen Traum. Diese falsche Wertschätzung kritisieren sowohl Arthur Miller als auch Sam Shepard.

Der Gegensatz zwischen Zivilisation und Natur

Ebenso ist der Gegensatz zwischen Zivilisation und freier Natur in beiden Dramen Thema. In Willy Loman ist die Liebe zur Natur tief verwurzelt. Als er sich sein Haus kauft, steht es noch in unverbauter Landschaft, doch bald muss Willy erleben, dass immer mehr Apartmentblöcke um sein Haus herum gebaut werden. Bald fühlt er sich umzingelt und meint, keine Luft zum Atmen mehr zu haben. Die Welt ändert sich, das freie ungebundene Dasein ist nicht mehr möglich. Arthur Miller macht die Veränderungen in der modernen nüchternen Industriegesellschaft deutlich, in welcher der Mensch im Namen des Fortschritts seine eigenen Entfaltungsmöglichkeiten einschränkt und schließlich vernichtet. Willy Loman unternimmt am Ende des Dramas einen rührenden Versuch, ein Stück verlorene Natur zurückzugewinnen, indem er in seinem kleinen Garten Gemüse pflanzt. Doch wegen der Wolkenkratzer ringsum fällt zu wenig Licht auf dieses kleine Fleckchen Erde und damit auch in das Leben Willy Lomans.

Wildnis und Zivilisation bilden auch in *True West* ein Gegensatzpaar. Auf beide Brüder übt die Natur eine große Faszination aus. Lee lebt die meiste Zeit abseits menschlicher Siedlungen. Auch Austin fühlt sich zur Wüste hingezogen, weil er sie für einen Ort hält, an dem er zu sich selbst finden und nachdenken kann: "I might just drive out to the desert for a while. I gotta' think." (S. 34, Z. 4). Doch wie in *Death of a Salesman* ist diese freie Natur bedroht, weil der Mensch sie zubaut. So stellt Lee bei seinem Abendspaziergang fest, dass dort, wo einst Wildnis war, inzwischen so viel gebaut wurde, dass die Gegend nicht wiederzuerkennen ist. Er sagt: "This country's real different." (S. 14, Z. 5), worauf Austin ihm als Erklärung liefert: "Well, it's been built up." (S. 14, Z. 6). Doch Lee drückt das drastischer aus: "Built up? Wiped out is more like it. I don't even hardly recognize it." (S. 14, Z. 5 ff.). Der Mensch ist dabei, durch seine Siedlungsweise die freie Natur zu zerstören. Ähnlich wie Willy Loman sieht Lee die Verbauung der Landschaft mit großem Bedauern. Doch betreibt Sam Shepard in *True West* keine Schwarz-Weiß-Malerei, indem er die Wüste nur positiv und die Zivilisation nur negativ bewertet. Im Gegensatz zu Willy drückt Lee auch positive Gefühle aus, die er angesichts der Häuser in der Umgebung, also der Zivilisation, empfindet. Die Stille in der Vorstadt vermittelt ihm ein Gefühl der Geborgenheit und Sicherheit: "Just a sweet kinda' suburban silence. [...] Like a paradise." (S. 14, Z. 21). Er ist in die Wüste gezogen, weil er wie sein Vater in der Gesellschaft versagte. Austin scheiterte seinerseits in der Gesellschaft und sehnt sich nun nach einem Neuanfang in der Wüste. Es wird deutlich, dass ihr jeweiliges Scheitern nicht auf äußere Umstände – Wildnis oder Zivilisation – zurückzuführen ist, sondern auf ihre persönlichen Unzulänglichkeiten und falschen Zielsetzungen.

Rezeptionsgeschichte

True West ist heute Sam Shepards meist gespieltes Stück und nimmt einen festen Platz in der modernen amerikanischen Theaterliteratur ein. Uraufgeführt wurde das Schauspiel am 11. Juli 1980 am Magic Theater in San Francisco, als Shepard dort Dramaturg *(resident playwright)* war. Er war mit der Aufführung nicht zufrieden, und es gab Zerwürfnisse mit Schauspielern und Regisseur. Auch eine Produktion im selben Jahr in New York fiel nicht zu Shepards Zufriedenheit aus. Erst 1982 erhielt das Stück seine endgültige Form und Realisierung durch die Steppenwolf Theater Company in Chicago. Gary Sinise führte Regie und spielte den Austin, der damals noch wenig bekannte John Malkovich war Lee. Diese Aufführung wurde zum gefeierten Erfolg und gilt bis heute als beispielhafte Bühnenversion. Nach dem Erfolg in Chicago wurde das Stück am Cherry Lane Theater inszeniert, einer der ältesten New Yorker Off-Broadway Bühnen, wo es an 762 Abenden gespielt wurde. Auf die große Bühne des Broadway kam *True West* erstmals am 2. März 2000 durch eine Wiederaufnahme am Circle in the Square Theater, wo es dank der herausragenden Leistungen der Schauspieler Philip Seymour Hoffman und John C. Reilly zu einem triumphalen Erfolg wurde. In dieser Version wechselten sich die beiden Schauspieler in den Rollen von Lee und Austin nach drei Abenden ab und übernahmen den jeweils anderen Part, um auf diese Weise zu verdeutlichen, dass die beiden Charaktere die Doppelnatur des Menschen zeigen:

> *Hoffman und Reilly spielen die Brüder, ihre Entfremdung voneinander und ihren leidenschaftlich-neidischen Hass als Facetten ein und derselben Person. So tritt in der Brudergeschichte*

> *noch eine andere Geschichte hervor – die Geschichte über die Unsicherheit der Identitäten und die Wurzellosigkeit des Ichs. Und so ergibt sich die Entscheidung des Regisseurs Matthew Warchus nachgerade von selbst: die Schauspieler ihre Rollen tauschen zu lassen.*[14]

Zahlreiche große amerikanische Schauspieler spielten inzwischen Sam Shepards starke Männerrollen – Frauen kommen in seinen Stücken etwas seltener vor. Zu den bekanntesten Darstellern gehören neben den oben genannten James Belushi, Bruce Willis, Erik Estrada, Gary Cole, Dennis und Randy Quaid.

In **England** fand die erste Aufführung 1981 statt, unter John Schlesingers Regie und mit dem jungen Bob Hoskins als Lee. Während amerikanische Theaterbesucher in Shepards Stücke strömten, war das britische Theaterpublikum bei der Premiere von *True West* in seiner Reaktion eher zurückhaltend. Weniger reserviert – und vor allem negativ – urteilten damals die professionellen Theaterkritiker. Michael Billington, der angesehene Kritiker des *Guardian*, der früheren Stücken Shepards durchaus Qualität zubilligte, hielt das Ganze für zu oberflächlich und zu schematisch: “here [in *True West*] the background is too sketchy to make the descent into the abyss dramatic. There simply aren’t enough layers around to be stripped.”[15] Doch heute hat sich die Bewertung Shepards auch in Großbritannien gewandelt. Derselbe Kritiker bescheinigte Sam Shepard 2006 anlässlich der Aufführung von *The Late Henry Moss* eine komplexe Erzähltechnik:

> *You could say that Shepard is recycling familiar themes. The sibling rivalry of Earl and Ray recalls True West. And the idea of family life as a tissue of sadistic secrets evokes Buried Child. But what gives this play its special texture is its complex narrative technique.*[16]

In **Deutschland** fand die Erstaufführung von *True West* am 15. März 1986 im Theater Erlangen statt. Wenig schmeichelhaft äußerte sich *Der Spiegel* über den Autor und seine Themen:

Der „anerkannte Klassiker der amerikanischen Moderne“, wie ihn der Kritiker Martin Esslin nannte, schreibt freilich nur über Dinge, die er kennt. Deshalb ist, trotz der mystischen Weite der in seinen Stücken allgegenwärtigen Wüste, sein Horizont begrenzt: die Banalität der Dialoge suggeriert eine verborgene Dimension. Für die Mythen, die er so vielsagend zitiert, hat Shepard Trivial-Plots geplündert – etwa Western-Geschichten, Science-fiction, Abenteuer-Romanzen, Action- und Thriller-Literatur.[17]

Bekannt und geschätzt wurde Shepard in Deutschland zunächst eher als Drehbuchautor und Schauspieler. In der Verfilmung von Max Frischs Roman *Homo Faber* (1991) übernahm er die Rolle des Walter Faber. Für Wim Wenders schrieb er *Paris, Texas* (1984) und *Don't Come Knocking* (2005). Im letztgenannten Film, in dem Shepard neben seiner Lebensgefährtin Jessica Lange die Hauptrolle spielte, verarbeitete er ähnliche Themen wie in *True West* – eine schwierige Vater-Sohn Beziehung, Alkoholismus, die Sehnsucht nach Freiheit und Ausbrechen aus der Gesellschaft.

Shepards Stücke wurden in viele Sprachen übersetzt und werden auf Bühnen in aller Welt gespielt, nicht zuletzt weil sie Probleme ansprechen, die überall von Interesse sind. Eine Besonderheit seiner Stücke bleiben aber die Elemente, Landschaften und Motive, die eng verbunden sind mit der Geschichte und Entstehung der Vereinigten Staaten:

Denn Shepards theatralische Sendung ist die vom kaputten, entwurzelten, tragischen Amerika. Stück für Stück beklagt er dessen verlorene Unschuld, begleitet von dem heftigen Wunsch, diese Unschuld wiederherzustellen. Shepard ist ein Romantiker. Der unpolitische Theatermann glaubt womöglich an die Zukunft der Vergangenheit.[18]

Literaturhinweise

Verwendete Textausgabe

Shepard, Sam: *True West.* Diesterweg: Frankfurt 1988.

Sekundärliteratur

BOTTOMS, STEPHEN C. (ed.): *The Theatre of Sam Shepard: States of Crisis* (Cambridge Studies in American Theatre & Drama). Cambridge University Press: Cambridge 1998.

HALL, ANN C.: A Kind of Alaska: *Women in the Plays of O'Neill, Pinter, and Shepard.* Carbondale: Southern Illinois University Press 1993.

HENSEL, GEORG: „Sprechzimmer der Seelenkenner." In: *Spielplan.* Area: Erftstadt 2006.

LUEKEN, VERENA: „Intelligenz macht sinnlich." In: *Frankfurter Allgemeine Zeitung*, 19. 4. 2000.

ROSEFELDT, PAUL: *The Absent Father in Modern Drama.* New York: Peter Lang, 1996.

ROUDANÉ, MATTHEW: *The Cambridge Companion to Sam Shepard.* Cambridge University Press: Cambridge 2002.

TAAV, MICHAEL: *A Body across the Map: The Father-Son Plays of Sam Shepard.* Peter Lang: New York 2000.

Anmerkungen

1 "Shepard on Shepard: an interview." In: Roudané, Matthew (ed.): *The Cambridge Companion to Sam Shepard.* Cambridge University Press: Cambridge 2002, S. 68.

2 ebd.

3 vgl. „Kultur-Cowboy in allen Sätteln." In: *Der Spiegel*, 14. 4. 1986.
4 Allen, Jennifer: "The Man on the High Horse." In: *Esquire*. November 1998, S. 148.
5 "Shepard on Shepard: an interview." a. a. O., S. 68.
6 Rosefeldt, Paul. *The Absent Father in Modern Drama*. Peter Lang: New York 1996, S. 53.
7 Schwentker, Björn: „Der Ernährer hat ausgedient." In: *Die Zeit*, 29. 6. 2006.
8 Schmidt, Jochen: „Kain und Abel in Südkalifornien." In: *Frankfurter Allgemeine Zeitung*, 7. 12. 1982.
9 Coe, Robert: "Saga of Sam Shepard". In: *New York Times Magazine*, 23. 11. 1980.
10 Bigsby, Christopher: "Born injured: The theatre of Sam Shepard." In: Roudané, Matthew (ed.): *The Cambridge Companion to Sam Shepard*. Cambridge University Press: Cambridge 2002, S. 7.
11 Seesslen, Georg: *Geschichte und Mythologie des Westernfilms*. Schüren: Marburg 1995, S. 21.
12 "Shepard on Shepard: an interview." a. a. O., S. 68.
13 ebd.
14 Lueken, Verena: „Intelligenz macht sinnlich." In: *Frankfurter Allgemeine Zeitung*, 19. 4. 2000, Nr. 93, S. 49.
15 Billington, Michael: "True West". In: *The Guardian*, 11. 12. 1981.
16 ebd.
17 „Kultur-Cowboy in allen Sätteln." a. a. O.
18 ebd.

STARK Interpretationshilfen und Trainingsbände für die Oberstufe

Deutsch Interpretationen

Aehnlich: *Alle sterben, auch die Löffelstöre* ..... Best.-Nr. 2400621
Brecht: *Der aufhaltsame Aufstieg des Arturo Ui* ..... Best.-Nr. 2400281
Brecht: *Der kaukasische Kreidekreis* .. Best.-Nr. 2400171
Brecht: *Leben des Galilei* ..... Best.-Nr. 2400011
Brecht: *Mutter Courage und ihre Kinder* ..... Best.-Nr. 2400521
Brussig: *Am kürzeren Ende der Sonnenallee* .. Best.-Nr. 2400201
Büchner: *Dantons Tod* ..... Best.-Nr. 2400121
Büchner: *Der Hessische Landbote* ..... Best.-Nr. 2400461
Büchner: *Lenz* ..... Best.-Nr. 2400431
Büchner: *Leonce und Lena* ..... Best.-Nr. 2400261
Büchner: *Woyzeck* ..... Best.-Nr. 2400041
Dürrenmatt: *Der Besuch der alten Dame* ..... Best.-Nr. 2400341
Dürrenmatt: *Der Verdacht* ..... Best.-Nr. 2400571
Eichendorff: *Aus dem Leben eines Taugenichts* ..... Best.-Nr. 2400071
Eichendorff: *Das Marmorbild* ..... Best.-Nr. 2400081
Fontane: *Effi Briest* ..... Best.-Nr. 2400371
Fontane: *Irrungen, Wirrungen* ..... Best.-Nr. 2400401
Fontane: *Frau Jenny Treibel* ..... Best.-Nr. 2400611
Frisch: *Biedermann und die Brandstifter* ..... Best.-Nr. 2400531
Frisch: *Homo faber* ..... Best.-Nr. 2400031
Goethe: *Faust I* ..... Best.-Nr. 2400511
Goethe: *Gedichte (1771–1783)* ..... Best.-Nr. 2400181
Goethe: *Die Leiden des jungen Werther* ..... Best.-Nr. 2400051
Hauptmann: *Die Ratten* ..... Best.-Nr. 2400411
Hein: *Der fremde Freund/Drachenblut* ..... Best.-Nr. 2400061
E.T.A. Hoffmann: *Der Sandmann* ..... Best.-Nr. 2400351
Horváth: *Geschichten aus dem Wiener Wald* ..... Best.-Nr. 2400581
Kafka: *Der Proceß* ..... Best.-Nr. 2400481
Kafka: *Die Verwandlung/Das Urteil* .. Best.-Nr. 2400141
Keller: *Romeo und Julia auf dem Dorfe* ..... Best.-Nr. 2400321
Kerner: *Blueprint. Blaupause* ..... Best.-Nr. 2400391
Kleist: *Der zerbrochne Krug* ..... Best.-Nr. 2400541
Kleist: *Michael Kohlhaas* ..... Best.-Nr. 2400111
Lessing: *Emilia Galotti* ..... Best.-Nr. 2400191
Lessing: *Nathan der Weise* ..... Best.-Nr. 2400501
Th. Mann: *Der Tod in Venedig* ..... Best.-Nr. 2400291
Th. Mann: *Tonio Kröger/ Mario und der Zauberer* ..... Best.-Nr. 2400151
Musil: *Die Verwirrungen der Zöglings Törleß* ..... Best.-Nr. 2400561
Nooteboom: *Die folgende Geschichte* Best.-Nr. 2400251
Schiller: *Don Carlos* ..... Best.-Nr. 2400161

Schiller: *Kabale und Liebe* ..... Best.-Nr. 2400231
Schiller: *Die Räuber* ..... Best.-Nr. 2400421
Schiller: *Maria Stuart* ..... Best.-Nr. 2400271
Schlink: *Der Vorleser* ..... Best.-Nr. 2400101
Schneider: *Schlafes Bruder* ..... Best.-Nr. 2400021
Schnitzler: *Traumnovelle* ..... Best.-Nr. 2400311
Sophokles: *Antigone* ..... Best.-Nr. 2400221
Storm: *Der Schimmelreiter* ..... Best.-Nr. 2400381
Süskind: *Das Parfum* ..... Best.-Nr. 2400091
Timm: *Die Entdeckung der Currywurst* ..... Best.-Nr. 2400301
Vanderbeke: *Das Muschelessen* ..... Best.-Nr. 2400331
Wolf: *Kassandra* ..... Best.-Nr. 2400601
Wolf: *Medea. Stimmen* ..... Best.-Nr. 2400551
Wedekind: *Frühlings Erwachen* ..... Best.-Nr. 2400491
Zweig: *Schachnovelle* ..... Best.-Nr. 2400441

Deutsch Training

Training Methoden Deutsch ..... Best.-Nr. 944062
Dramen analysieren u. interpretieren Best.-Nr. 944092
Erörtern und Sachtexte analysieren .. Best.-Nr. 944094
Gedichte analysieren und interpretieren ..... Best.-Nr. 944091
Epische Texte analysieren und interpretieren ..... Best.-Nr. 944093
Übertritt in die Oberstufe ..... Best.-Nr. 90409
Abitur-Wissen Erörtern und Sachtexte analysieren .. Best.-Nr. 944064
Abitur-Wissen Textinterpretation ..... Best.-Nr. 944061
Abitur-Wissen Deutsche Literaturgeschichte ..... Best.-Nr. 94405
Abitur-Wissen Prüfungswissen Oberstufe ..... Best.-Nr. 94400
Kompakt-Wissen Rechtschreibung ..... Best.-Nr. 944065
Lexikon Autoren und Werke ..... Best.-Nr. 944081

(Bitte blättern Sie um)

Bestellungen bitte direkt an: STARK Verlagsgesellschaft mbH & Co. KG
Postfach 1852 · 85318 Freising · Tel: 0180 3 179000 · FAX: 0180 3 179001
Internet: www.stark-verlag.de · E-Mail: info@stark-verlag.de

* 9 Cent pro Min. aus dem deutschen Festnetz

18-V1P